अंक ज्योतिष

प्रथम बार भारतीय पद्धति से मानव जीवन एवम् संसार पर अंकों के प्रभाव का ज्योतिष के सान्निध्य में यथार्थ विवेचन।

अंक विद्या और ज्योतिष

मानव जीवन एवम् संसार पर अंकों के प्रभाव का

प्रथम बार

भारतीय ज्योतिष पद्धति से विस्तृत व्याख्या।

ज्योतिर्विद्

राघवेन्द्र कुमार कश्यप

यूनीकॉर्न बुक्स

प्रकाशक

यूनीकॉर्न बुक्स

F-2/16, अंसारी रोड, दरियागंज, नई दिल्ली-110002
☎ 23275434, 23262683, 23250704 • Fax: 011-23257790
ई-मेल: info@unicornbooks.in • वेबसाइट: www.unicornbooks.in

शाखा : मुम्बई

23-25, जाओबा वाड़ी, ठाकुरद्वार, मुम्बई-401002
☎ 022-22010941, 022-22053387
ई-मेल: rapidex@bom5.vsnl.net.in

ISBN: 978-81-7806-117-7
अंक विया और ज्योतिष

संस्करण : 2019

मुद्रकः परम ऑफसेटर्स, ओखला, नई दिल्ली-110020

ॐ वक्रतुण्ड महाकाय सूर्यकोटिसमप्रभ ।
निर्विघ्नं कुरु मे देव सर्वकार्येषु सर्वदा ॥
॥श्री गणेशाय नमः॥

ॐ त्र्यम्बकं यजामहे सुगन्धिं पुष्टिवर्धनम् ।
उर्वारुकमिव बन्धनात् मृत्योर्मुक्षीय मा अमृतात्॥
॥ ॐ नमः शिवाय ॥

यं ब्रह्मा वरुणेन्द्ररुद्रमरुतः स्तुवन्ति दिव्यैः स्तवैः
वेदैः सांगपदक्रमोपनिषदैः गायन्ति यं सामगाः।
ध्यानावस्थिततद्गतेन मनसा पश्यन्ति यं योगिनो
यस्यान्तं न विदुः सुरासुरगणा देवाय तस्मै नमः॥

मूकं करोति वाचालं पंगुं लंघयते गिरिम्।
यत्कृपा तमहं वन्दे परमानन्दमाधवम्॥
॥ॐ नमो भगवते वासुदेवाय॥

ईश्वरः सर्वभूतानां हृद्देशेऽर्जुन तिष्ठति ।
भ्रामयन् सर्वभूतानि यन्त्रारूढानि मायया ॥
तमेव शरणं गच्छ सर्वभावेन भारत ।
तत्प्रसादात् परां शान्तिं स्थानं प्राप्स्यसि शाश्वतम् ॥

(गीता18/61-62)

(ईश्वर=मुक्त आत्मा। जिस प्रकार चालक वाहन को चलाता है, उसी प्रकार आत्मा इस पशु या मनुष्य आदि के शरीर को चलाता है। इस आत्मा के मुक्तस्वरूपत्व के ध्यानरूप शरण में जाने वाले ही पतन व संकट से बच सकते हैं। जितने भी प्रकार की उत्कृष्टता की कल्पना की जा सके, वह सब इस ब्रह्मात्मस्वरूप के सतत ध्यान से प्राप्य है।)

अन्दर के पृष्ठों में

भूमिका

धारा एवम् वायु की दिशा में गमन करना सरल होता है, जो प्राय: सांसारिक कार्यसिद्धि के ही मार्ग होते हैं। सत्य के मार्ग पर गमन करना धारा एवम् वायु की दिशा के विपरीत में गमन करने से भी अधिक कठिन होता है। सूर्यसिद्धान्त के अनुसार खगोलीय गणित ज्योतिष के ज्ञान के लिये मयासुर ने वर्षों सूर्य की उपासना की, तब भगवान् सूर्य ने उसकी तपस्या से प्रसन्न हो उसे साक्षात् दर्शन दिया। तथापि स्वयं ज्ञान प्रदान न कर अपने अंशपुरुष के माध्यम से उसे उसकी तपस्या का फल प्रदान किया। वर्तमान उपलब्ध सूर्यसिद्धान्त के लेखक ने आगे कहा कि अंशपुरुष के उपदेश द्वारा जो गणित ज्योतिषशास्त्र प्रकट हुआ वही यह समक्ष सूर्यसिद्धान्त है, केवल तब से आजतक के बीच में बीत गये काल के अन्तर का भेद है। यह इस सूर्यसिद्धान्त का लेखक कौन है, अज्ञात है। स्वाभाविक है कि लाखों वर्ष के कालखण्ड में कितनी ही बार सूर्यसिद्धान्त को लिपिबद्ध किया गया होगा, और नये लेखकों ने समय-समय पर इस ग्रंथ का परिचय देना आवश्यक समझा।

यह परिच्छेद यहाँ किस कारण से लिखा गया... यह स्पष्ट करने को कि जिस प्रकार अत्यन्त जटिल गणित ज्योतिष का ज्ञान मानवबुद्धि द्वारा प्राप्त कर पाना प्राय: असम्भव नहीं वरन् साक्षात् असम्भव है, और वह मात्र ईशकृपा से ही प्राप्य है, उसी प्रकार फलित ज्योतिष के ज्ञान में भी पारंगत हो पाना बिना साधना-सिद्धि, ईश्वरीय कृपा आदि के प्राय: असम्भव ही है। नहीं... तो यह तो आप बताओ कि किस भाव से क्या विचार किया जाये इसका निर्धारण कैसे हो! और तो और, ग्रह आकाश में किस ओर गया इसका परिणाम हमारे खान-पान, रोग, शत्रु, उत्थान, पतन आदि पर कैसे पड़ सकता है! आकाश क्या केन्द्र, त्रिकोण, त्रिक आदि भावों तथा विभिन्न ग्रहयोगों आदि के रूप में पूरे मानवजीवन के प्रस्तोता दर्पण के रूप में कार्य कर रहा है, और ऐसा क्या मानवबुद्धि* सोच सकती है! मानव

* साधना-सिद्धि, ईशकृपा इत्यादि दिव्य सम्पर्कों से रहित मनुष्यबुद्धि

बुद्धि जन्म से लेकर मरण तक बस एक ही प्रयास में रहती है कि कैसे इस संसार में वर्चस्व प्राप्त करे, धन, यौनसुख, उच्चपद आदि की प्राप्ति कर ले और बनाये रखे। अच्छा व्यवहार करो और सबको अपना मित्र बनाओ, स्वास्थ्य-स्वच्छता के नियमों का पालन करो और रोग दूर भगाओ आदि व्यावहारिक बुद्धि के चिन्तन के विषय हैं, और जो बातें हमारी समझ में सरलता से आ रही हैं, उनके लिये हम आकाश में क्या ढूँढें!

परन्तु जब यह बुद्धि दिव्य सम्पर्क[1] में आती है तब यह ज्ञात होता है कि छोटी-बड़ी समस्त मानवीय बातों का, जो बीत चुकी हैं या आगे होने वाली हैं, यथार्थ या सत्य कथन अथवा अनुमान किया जा सकता है। अत: जो लोग भौतिकवादी या नास्तिक हैं वे मेरे इस लिखे पुस्तक को पढ़ने व इस पर टिप्पणी करने के अधिकारी नहीं हैं।

ज्योतिष के बहुत सारे ऐसे क्षेत्र हैं जहाँ मैंने सन्देहरहित होकर अपना मत प्रस्तुत किया, साथ ही ऐसे भी कई क्षेत्र हैं जहाँ भ्रम अथवा अनिश्चय की स्थिति है, और अभी और अनुसंधान की आवश्यकता है। सूर्यसिद्धांत में प्रत्येक ग्रह की अस्तता के अंश दिये गये हैं, अर्थात् कौन ग्रह सूर्य से कितनी अंशात्मिका दूरी तक में अस्त रहेगा, परन्तु आधुनिक सिद्धान्तवादियों ने इसमें ऋण या धन संशोधन कर परिवर्तन कर दिया। इनका यह परिवर्तन कितना सत्य है! क्योंकि जो ग्रह सूर्य से जितनी दूरी पर पूर्वकाल में अस्त होता था, उतनी ही दूरी पर अब भी होना चाहिये, क्योंकि न तो ग्रह का आकार परिवर्तित हुआ और न ही विभिन्न ग्रहों की पारस्परिक दूरी या कक्षा आदि में परिवर्तन हुआ। परन्तु चन्द्रमा के संबंध में ऐसा क्यों नहीं! चन्द्रमा अति प्राचीन काल में भी अमावस्या और तदनन्तर प्रतिपदा तिथि को अर्थात् सूर्य से 12 अंश पीछे व आगे रहते अस्त रहता था, और आज भी रहता है। इसकी अस्तता अंशों में कोई परिवर्तन क्यों नहीं! क्योंकि चन्द्रमा की अस्तता व उदय पर नंगी आँखों से जनसामान्य भी देख टिप्पणी कर सकता है, परन्तु अन्य ग्रहों की अस्तता व उदय को सीधे देख पाना व अस्तांश निर्धारित कर पाना प्राय: असम्भव ही है, और यह वेधशाला आदि

[1] साधना, तपस्या, ईश प्रार्थना आदि के द्वारा

से ही निरीक्षणीय है। जो बात सीधे-सीधे देखने में प्रायः अदृश्य हो, वहाँ लोगों को भ्रमित करना बहुत सरल होता है।

यह तो बात हुई पाश्चात्य खगोलशास्त्र के विरुद्ध, परन्तु जहाँ भारतीय ज्योतिषियों ने ही अंधकार मचा रखा है उसे क्या कहेंगे! एक बड़ा ही साधारण और प्रचलित उदाहरण दिया जा रहा है। लघु-पाराशरी से लेकर अन्य भी कई पुस्तकों में अष्टम भाव को आयु का भाव, अर्थात् मनुष्य के पक्ष की बात, मान इस भाव से द्वादश सप्तम भाव को आयु की हानि का स्थान मान लिया गया। एक ज्योतिषी को एक बिन्दु पर भ्रम हुआ इसमें कोई आश्चर्य की बात नहीं, क्योंकि -

गच्छतः स्खलनं क्वचिदपि भवत्येव प्रमादतः।
हसन्ति दुर्जनास्तत्र समादधति सज्जनाः ॥[1]

परन्तु उस त्रुटिपूर्ण सिद्धान्त की त्रुटि को न पकड़ बस भेंड़चाल में तोता-रटन्त मनःस्थिति धारण करना क्या अभी तक के कथित अधिकतर ज्यौतिषियों की धनलोलुप व अनैतिक मनःस्थिति को नहीं दर्शाता है! षष्ठ, अष्टम व द्वादश ये तीन भाव त्रिक कहलाते हैं जिनसे विचार की जानेवाली सभी बातें जातक या मनुष्य के विरुद्ध होती हैं, अर्थात् लग्न के विरुद्ध होती हैं। क्योंकि लग्न जातक के अस्तित्व के प्रकट होने का सूचक है, और अस्तित्व की स्थिति व अवधिक्षमता को भी दर्शाता है - जातक कितनी सबलता के साथ, इस शरीर की कितनी स्वस्थ स्थिति के साथ अधिक से अधिक कितनी अवधि तक इस जीवन का साथ दे सकता है। जबकि अष्टम भाव में मानों कोई सिंह बैठा है - लग्न को अर्थात् जातक के शरीर और आत्मा को पृथक् कर देने के लिये - जातक को मार डालने को - इस अस्तित्व को नष्ट कर देने को। जब सिंह भूखा-प्यासा होता है तब आक्रमण करने को उद्यत रहता है, समय-समय पर आक्रमण करता हुआ अन्ततः, यथाशीघ्र सम्भव हो सके, वह उस अस्तित्व को नष्ट कर

---

[1] किसी भी कार्यरत व्यक्ति से असावधानतावश त्रुटि हो जा सकती है। ऐसे में दुर्जनों को उस पर हँसने का अवसर प्राप्त हो जाता है, जबकि सज्जन उस त्रुटि के निराकणार्थ समाधान करते हैं।

देता है-किसी कालविशेष में प्रकट हुए इस लग्नविशेष के जातक का नामचिह्न तक इस संसार से मिटा देता है। यह सिंह अष्टमेश है। यदि यह स्वराशि या उच्चराशि में या शुभ संगति* आदि शुभ स्थिति में बली होता, तो तृप्त होने के कारण शान्त होता, और अधिक से अधिक समय तक अस्तित्व को बने रहने देता। यदि अष्टमेश नीच राशि में हो, या पापग्रस्त हो त्रिक में होता हुआ दुर्बल हो, तो अशान्त होता हुआ लग्न पर बार-बार आक्रमण करता, तथा जब भी अवसर पाता लग्न के अस्तित्व को मिटा डालने का प्रयास करता। इसमें उसे समयानुकूल कभी सफलता मिल भी जाती है। अर्थात् अष्टमेश आयु देता नहीं, नष्ट कर देता है-बली होने से देर से, तथा दुर्बल होने पर यथाशीघ्र। ऐसे में साधारण बुद्धि के लोग यह समझने की भूल कर सकते हैं कि अष्टमेश के बली होने से आयु अधिक, तथा दुर्बल होने से आयु न्यून होता है। अर्थात् अष्टमेश को आयुष्कारक समझने का भ्रम।

यद्यपि प्रकारान्तर से अष्टमेश जातक के अस्तित्व की अवधि निर्धारित करता है, तथापि मित्रवत् आयु देने के रूप में नहीं, आयु नष्ट करने के रूप में, क्योंकि आयु तो लग्न व विभिन्न मित्रभावों तथा शुभ ग्रहयोग इत्यादि से निर्मित होता है। अर्थात् पक्ष की सभी बातों से एक जन्मकुण्डलीय सुखद संसार बसता है। अष्टमेश खलनायक की भाँति वहाँ पहुँच जाता है उस समृद्ध संसार की अवधि निर्धारित करने, कि कितने समय तक इन्हें सुख भोग लेने दूँ इस जीवन का। यदि वह उच्चराशि या स्वराशि आदि बली स्थिति में हो, तो तृप्त भाव से आनन्द अनुभव करने के कारण उस सुखद संसार में शीघ्र आग लगाने की इच्छा उसे नहीं होती। योगकारक ग्रहों आदि के संग होने से भी उसकी भावना लग्न के पक्ष में बन जाती, अर्थात् वह लग्न के अस्तित्वनाश हेतु शीघ्र उद्यत नहीं होता। परन्तु यह सृष्टि का शाश्वत सत्य है कि जो जन्म लेता है उसे प्राप्त शरीर

---

* शुभ संगति का अर्थ है प्राकृतिक रूप से शुभ ग्रह बृहस्पति, शुक्र आदि के साथ संगति, तथा इससे भी कहीं अधिक फलप्रद है त्रिकोणेश ग्रहों के संग, अथवा केन्द्रेश त्रिकोणेश के योग में संग की स्थिति में होना।

त्यागना भी पड़ता है, तथा अष्टमेश का यही कार्य निर्धारित है कि वह यमराज की भाँति प्राण हर ले। और जितना भी अष्टमेश तृप्त हो वह तृप्ति एक दिन समाप्त हो जाती है, और यह यमराज फलितानुसार इस जन्मकुण्डलीय संसार का अस्तित्व नष्ट कर देता है।

बुद्धिमान् लोगों के मस्तिष्क में अबतक यह बात स्पष्ट हो चुकी होगी कि यद्यपि अष्टम भाव से ही आयु का विचार करते हैं तथापि अष्टमेश आयु देनेवाला न होकर लग्नादि से प्राप्त अस्तित्वक्षमता को नष्ट कर देनेवाला होता है। प्रत्येक भाव से द्वादश भाव उस भाव को हानि पहुँचाने वाला होता है, अतः सप्तम भाव अष्टम-भावस्थ मृत्यु को हानि पहुँचानेवाला होता है। अर्थात् सप्तम भाव अष्टम-भावस्थ मृत्यु को हानि पहुँचाने अर्थात् मृत्यु से दूर रखने की प्रवृत्ति रखता है, और इस कारण से लग्न का रक्षक है - जातक के अस्तित्व को बचाता है। यह अभी तक की घोर मूर्खता रही है कि सप्तमेश को मारकेश कहने की त्रुटि कई ज्योतिषियों ने की है। वैसे कोई भी भाव मारक बन सकता है व्यक्ति के उस भाव से संबंधित विशेष कुकर्मों से। जैसे सप्तम भाव इन कुकर्मों से मारक बन सकता है - वीर्य के अत्यधिक व्यय से, जीवनसाथी के साथ अत्यधिक दुर्व्यवहार या विश्वासघात आदि से, अशुभ जीवनमार्ग चुन लेने, इत्यादि से। अधिक सम्भोग, परस्त्रीगमन आदि अशुभ कर्मों से आयु न्यून होता है।

तीनों त्रिक में जातक के घातक शत्रु छिपे रहते हैं। अतः त्रिक के स्वामियों का परस्पर संबंध करना शत्रुओं का आपस में मिलकर एकत्रित हो जाना है, जिससे इन भावों की और भावेशों की अशुभता और अधिक बढ़ जाती है। त्रिक भावों के स्वामी जिन भावों में होते हैं उन भावों और भावेशों में अपना अशुभ और हानिकारक प्रभाव मिला देते हैं। त्रिकोण के स्वामी जहाँ बैठते हैं वहाँ अपना शुभ प्रभाव डालते हैं।

न केवल ज्योतिष अपितु संसार की भी प्रायः सभी बातों का यथार्थ ज्ञान प्राप्त कर पाना भौतिकवादी मनुष्यबुद्धि की सीमा से बाहर की बात है। बिना आध्यात्मिक अवबोध के कुछ विशिष्ट प्रश्नों का उत्तर संभव ही नहीं है। यद्यपि आध्यात्मिक बातों को समझ पाना भौतिकवादी लोगों की सामान्य

बुद्धि के वश के बाहर की बात है, तथापि मैं यह आशा करता हूँ कि इस विस्तृत समझ व निष्पक्ष वैज्ञानिक दृष्टिकोण की अनिवार्यता रखने वाले समीक्षात्मक, समाधानात्मक एवम् रहस्योद्घाटनात्मक पुस्तक को सुपात्र अध्येता प्राप्त होंगे। जो कुछ भी इस पुस्तक में प्रस्तुत किया गया है वह पक्षपात तथा राग या द्वेष की भावना से रहित होकर ही है, क्योंकि जो सत्य अनुभूत किया गया वही लिखा गया। कहीं-कहीं कुछ कड़ी आलोचना की गयी है जिसे सुधारात्मक दृष्टिकोण रखते हुए स्वीकृत करना चाहिये, क्योंकि यही कटु सत्य है।

किसी भी एक कार्य की सिद्धि में अनेक कारक सहायक होते हैं। अत: ऐसे में यह सोचना कि यह कार्य मैंने किया है, मैं इतना और करूंगा इत्यादि अज्ञानता की बातें हैं। मनुष्य की चेष्टा प्रमुख है, परन्तु यदि अन्य कारक तत्त्व सहायता न करें, तो मानवचेष्टा व्यर्थ चली जा सकती है। अत: मैं इस कृति को अपने ब्रह्मात्मस्वरूप को समर्पित करता हूं, जो मात्र इस कृति को रचित करने में ही नहीं, अपितु मेरे एक-एक श्वास तक लेने में भी शक्तिप्रदाता कारण है। ऐसी ही होनी थी कि इस कृति को सम्भवत: भारतीय अंकविज्ञान तक ही सीमित रहना था जो भारतीय खगोलविज्ञान के अध्यायों को इससे निकालना पड़ा।

अस्तु, यह प्रयास किया जायेगा कि इस कृति को आगामी संस्करण में अधिक त्रुटिहीन व ज्ञानवर्धक रूप में प्रस्तुत किया जा सके। इसके लिये यदि सज्जन लोग अपना सुझाव देना चाहें, तो वे आमन्त्रित हैं।

सधन्यवाद

-ज्योतिर्विद् राघवेन्द्र कुमार कश्यप
E-mail: raaghavakk@yahoo.co.in

1. भारतीय अंकविज्ञान का परिचय

(An Introduction to Indian Numerology)

अंक मूलतः एक से नौ तक कुल नौ होते हैं। वस्तुतः इन्हीं नौ अंकों के माध्यम से, शून्य की सहायता के साथ, विभिन्न संख्याओं का निर्माण होता है। शून्य का कोई मान नहीं होता है, यह केवल संख्याओं के लिखने में कहीं-कहीं सहायक की भूमिका प्रस्तुत करता है। संख्याओं का प्रथम चक्र 1 से 9 तक, द्वितीय चक्र 10 से 18 तक, तृतीय चक्र 19 से 27 तक, इस प्रकार से चक्रों का यह क्रम आगे अनन्त तक चलता रहता है।

प्रथम चक्र	द्वितीय चक्र	तृतीय चक्र	चतुर्थ चक्र	पंचम चक्र	षष्ठ चक्र	सप्तम चक्र	अष्टम चक्र
1	10	19	28	37	46	55	64
2	11	20	29	38	47	56	65
3	12	21	30	39	48	57	66
4	13	22	31	40	49	58	67
5	14	23	32	41	50	59	68
6	15	24	33	42	51	60	69
7	16	25	34	43	52	61	70
8	17	26	35	44	53	62	71
9	18	27	36	45	54	63	72

इस प्रकार से करोड़ों, अरबों, असंख्य या अनन्त चक्र हो सकते हैं। इन सभी चक्रों में एक प्रकार की समानता पायी जाती है। सभी चक्रों की प्रथम संख्या का निरीक्षण करें:-

1 = 1

10 → 1 + 0 = 1

19 → 1 + 9 = 1 0 → 1 + 0 = 1

28 → 2 + 8 = 1 0 → 1 + 0 = 1

37 → 3 + 7 = 1 0 → 1 + 0 = 1

46	→	4 + 6	=	1 0 → 1 + 0 = 1
55	→	5 + 5	=	1 0 → 1 + 0 = 1
64	→	6 + 4	=	1 0 → 1 + 0 = 1
73	→	7 + 3	=	1 0 → 1 + 0 = 1
100	→	1 + 0	=	1
109	→	10	=	1 + 0 = 1
118	→	10	=	1 + 0 = 1
1999	→	28	=	→ 2 + 8 = 10 → 1 + 0 = 1
186526	→	28	=	→ 2 + 8 = 10 → 1 + 0 = 1

इस प्रकार नौ–नौ क्रमागत संख्याओं का चक्र बनाने पर हम पाते हैं कि प्रत्येक चक्र की प्रथम संख्याओं में परस्पर कुछ समानता है। यदि किसी भी चक्र की प्रथम संख्या के अंकों का योगफल तब तक निकालते रहा जाये जब तक कि अन्त में मात्र एक अंक की संख्या न रह जाये, तो वह अन्तिम अंक 1 होगा। यही सभी चक्रों की प्रथम संख्याओं के संग समानता है कि उन सभी संख्याओं का मूल 1 है। अतः इन सभी संख्याओं का मूलांक (Basic Number) 1 है।

जिस प्रकार से मूलांक 1 की सिद्धि की गयी है उसी प्रकार से मूलांक 2 से 9 तक की भी सिद्धि होती है। अर्थात् सभी चक्रों की द्वितीय सभी संख्याओं का अन्तिम योगफल 2, तृतीय सभी संख्याओं का अन्तिम योगफल 3, से लेकर नवम सभी संख्याओं का अन्तिम योगफल 9 होगा। अतः मूलांक 1 से 9 तक में विश्व की अनन्त संख्याओं को वर्गीकृत किया जा सकता है। उदाहरण के लिये एक संख्या देखें – 9350496107.

→ 9 + 3 + 5 + 0 + 4 + 9 + 6 + 1 + 0 + 7

→ 44 = 4 + 4 = 8

अतः इस दस अंकों की संख्या का तथा 44 का भी मूलांक 8 है।

कुछ ऐसी संख्यायें मिलेंगी जहां उनका मूलांक निर्धारित करते समय आपकी बुद्धि द्विविधाग्रस्त हो जा सकती है। उदाहरण के लिये, सर्वप्रथम कुछ जटिल गृहसंख्यायें लें- A-2/16, तथा R-16/36. यहां A,B,C,D, इत्यादि को आप 1,2,3,4 इत्यादि क्रम में समझें। अर्थात् A के स्थान पर 1, B के स्थान पर 2, C के स्थान पर 3, इसी प्रकार से आगे R के स्थान पर 18, S के स्थान पर 19, तथा Z के स्थान पर 26. यदि हिन्दी के अक्षर इन स्थानों पर सम्मिलित हों, तो आरम्भिक अक्षर को 1, उसके पश्चात् के अक्षर को 2 इत्यादि जानेंगे। गृहसंख्या A-2/16 में सर्वप्रथम A=1 एक बहुत बड़े निवासक्षेत्र को द्योतित कर रहा है। इसके पश्चात् अंक 2 उस A=1 क्षेत्र के अन्तर्गत विभिन्न भागों में बंटे 1,2,3,4 इत्यादि खण्डों में से खण्ड 2 का सूचक है। इस गृह का मूलांक इस संख्या का अन्तिम भाग 16⇒1+6=7 है। इस मूलांक 7 के गृह की स्थिति मूलांक 1 के एक बृहत् क्षेत्र में मूलांक 2 के एक खण्ड में है।

इसी प्रकार गृहसंख्या R-16/36 के गृह का मूलांक⇒36 ⇒3+6=9 है, जिसकी स्थिति R=18⇒1+8=मूलांक 9 के बृहत् क्षेत्र में मूलांक 7(1+6=7) के खण्ड में है।

एक भिन्न प्रकार का उदाहरण देखें। 521-1-047426-7. यह संख्या किसी बैंक के एक अकाउण्ट का है। यहां भी क्या आप अन्तिम अंक 7 को इस अकाउण्ट का मूलांक मानेंगे! नहीं, यह पूरी एक ही संख्या है, अतः इस संख्या का मूलांक होगा 5+2+1+1+0+4+7+4+2+6+7=39 ⇒3+9=12⇒1+2=3.

इसी प्रकार, किसी बैंक की शाखा आदि की संख्या है 011009, तथा अकाउण्ट-धारक की संख्या है 48196. यहां धारकसंख्या का मूलांक है' 4+8+1+9+6=28⇒2+8=10⇒1+0=1.

परन्तु हम अकाउण्ट संख्या को पूरा-पूरा लिखा करते हैं- 01100948196. अत: हम **धारकसंख्या इस पूरी संख्या को मानेंगे।** अत: अकाउण्ट संख्या का मूलांक होगा⇒0+1+1+0+0+9+4+8+1+9+6=39 ⇒3+9=12⇒1+2=3.

यदि यह संख्या शाखासंख्या एवम् ग्राहकसंख्या के भेद के रूप में इस प्रकार होती-011009/48196, अर्थात् बीच में स्लैश् या आब्लिक् के द्वारा पृथक्कृत होती, तो हम अकाउण्टसंख्या 48196 ही गृहीत कर इसका मूलांक 1 मानते। अर्थात् **मूलांक निर्धारित करने में व्यवहार या प्रयोग को सर्वप्रमुख आधार जानें।** यदि किसी कक्ष की संख्या 3/16 है, तो इसका मूलांक 1+6=7 होगा, जहां वह '3' से संकेतित भवन के तृतीय तल पर है। परन्तु यदि आब्लिक् चिह्न हटाकर कक्ष की संख्या 316 लिखी जाये, जहां '3' तृतीय तल का ही सूचक है, तथापि यह पूरी संख्या एक मानी जायेगी, और इसका मूलांक होगा⇒3+1+6=10⇒1+0=1.

यदि किसी संख्या के अन्त में A,B,C,D इत्यादि हों, तो इस संख्या का मूलांक A=1, B=2, C=3 इत्यादि के रूप में जाना जायेगा। जैसे 4F का मूलांक F=6. **तथापि अग्रवर्ती मूलांकों में अपने पूर्ववर्ती मूलांकों का प्रभाव क्रमशः बृहत्तर (Greater or Bigger) क्षेत्रीय स्तर के आधार पर सम्मिलित रहता है।**

किसी विपणन कक्ष, अन्य कोई कक्ष, गृहसंख्या, दूरभाषसंख्या, परिचय संख्या, वाहनसंख्या, और सबसे प्रमुख चन्द्र-अधिष्ठित नक्षत्रक्रमांक आदि का मूलांक ज्ञात करने के लिये भारतीय अंकशास्त्र ही एक मात्र अवलम्बन है जिससे कि वास्तविक ग्रहफल प्राप्त होता है। **ध्यान रहे कि मूलांकों का वास्तविक प्रभाव अंग्रेजी दिनांकों पर नहीं पड़ता तथा ये दिनांक किसी प्रकार का ग्रहफल भी उत्पन्न नहीं करते,** जिसकी सिद्धि आगे के अध्यायों में की गयी है। तब हम आज के दिन किस मूलांक का दिन मानें, इसे जानने के लिये यह जानना पड़ेगा कि आज कौन-सा नक्षत्र कितने बजे तक है, उस नक्षत्र का मूलांक ही आज का मूलांक होगा - उस नक्षत्र के भोगकाल तक। अगले नक्षत्र के आरम्भ से मूलांक भी अगला हो जायेगा।

किसी नक्षत्र के आरब्ध होने, होने, या अन्त होने का अर्थ क्रमशः चन्द्रमा के उस नक्षत्र में प्रवेश करना, वर्तमान होना तथा उस नक्षत्र के पश्चात् अगले नक्षत्र में प्रवेश करना है।

नक्षत्र			स्वामी ग्रह	मूलांक
अश्विनी (1)	मघा (10)	मूल (19)	केतु	1
भरणी (2)	पूर्वा फाल्गुनी (11)	पूर्वाषाढा (20)	शुक्र	2
कृत्तिका (3)	उत्तरा फाल्गुनी (12)	उत्तराषाढा (21)	सूर्य	3
रोहिणी (4)	हस्त (13)	श्रवण (22)	चन्द्र	4
मृगशिरा: (5)	चित्रा (14)	धनिष्ठा (23)	मंगल	5
आर्द्रा (6)	स्वाती (15)	शतभिषा (24)	राहु	6
पुनर्वसु (7)	विशाखा (16)	पूर्वाभाद्रपदा (25)	बृहस्पति	7
पुष्य (8)	अनुराधा (17)	उत्तरा भाद्रपदा (26)	शनि	8
आश्लेषा (9)	ज्येष्ठा (18)	रेवती (27)	बुध	9

यद्यपि यहाँ सत्ताईस नक्षत्रों के लिये नौ ग्रह स्वामी माने गये हैं, तथापि इतने नक्षत्र क्षेत्र पर उस ग्रह का स्वामित्व या अधिकार वस्तुत: नहीं है, क्योंकि राशिचक्र के किसी भी भाग पर किसी भी ग्रह का अधिकार केवल राशिवश ही है, अर्थात् जिस राशि का जो ग्रह स्वामी होता है वह उस पूरे राशिक्षेत्र पर अपना अधिकार रखता है तथा उस राशिक्षेत्र की सबलता/दुर्बलता उसी स्वामी ग्रह की सबलता/दुर्बलता पर निर्भर करती है। यहाँ अश्विनी आदि नक्षत्रों का स्वामी केतु आदि ग्रहों को कहने का तात्पर्य चन्द्रमा के किसी नक्षत्र में होने से सम्बन्धित (स्वामी) ग्रह का प्रभाव प्रसृत होना है। किन्तु नक्षत्रमूलांक पर तो उस ग्रह का पूर्ण अधिकार रहता है।

राशिचक्र, जिसपर सभी ग्रह भ्रमण करते हुए द्वादश राशियों का भोग करते हैं, सत्ताईस नक्षत्रों की स्थिति को धारण करता है। इन सत्ताईस नक्षत्रों को नौ-नौ नक्षत्रों के तीन चक्रों में बाँट दिया गया है तथा नौ ग्रहों में से प्रत्येक को एक-एक मूलांक का स्वामी बनाया गया है। इस प्रकार प्रत्येक ग्रह के भाग में तीन-तीन नक्षत्र आते हैं। यहां जो नौ मूलांकों के स्वामी

ग्रह बताये गये हैं वे विंशोत्तरी महादशा के आधार पर निर्धारित हैं। विंशोत्तरी महादशा 120 वर्षो की होती है जिसमें जन्म के समय चन्द्रमा जिस नक्षत्र में होता है उस नक्षत्र के स्वामी ग्रह की महादशा जन्म के समय रहती है, तथा मूलांकों के स्वामी ग्रह के क्रम में ही तत्पश्चात् अन्य ग्रहों की महादशायें क्रमशः आती हैं।

जैसे – रोहिणी	= 4 था नक्षत्र; हस्त	= 13वां नक्षत्र; श्रवण	= 22वाँ नक्षत्र
	= 4	= 1+3	= 2+2
मूलांक	= 4	= 4	= 4
पुनः			
मृगशिराः	= 5वां नक्षत्र; चित्रा	= 14वां नक्षत्र; धनिष्ठा	= 23वां नक्षत्र
	= 5	= 1+4	= 2+3
मूलांक	= 5	= 5	= 5

अर्थात् रोहिणी, हस्त या श्रवण किसी भी नक्षत्र में जन्म लेने पर मूलांक 4 होता है, तथा जन्म मूलांक 4 के स्वामी चन्द्रमा की महादशा में होता है। इसी प्रकार मूलांक 5 वाले नक्षत्रों में जन्म लेने पर (अर्थात् चन्द्रमा के इन नक्षत्रों में रहने पर) मंगल की महादशा में तथा मूलांक 6 वाले नक्षत्रों में जन्म लेने पर राहु की महादशा में जन्म होता है, इत्यादि समझना चाहिये। तथा जन्म की महादशा के पश्चात् महादशाओं का क्रम मूलांकों के स्वामी के अनुसार एक-एक कर होता है, जैसे केतु के पश्चात् शुक्र की महादशा, शुक्र के पश्चात् सूर्य की महादशा इत्यादि।

जब एक ही बिन्दु से कई वृत्त खींचे जायें, तो इसके केन्द्रबिन्दु से किसी भी मान के त्रिज्या की परिधि 360^0 की होगी। पृथ्वी के चारों ओर राशिचक्र इसी प्रकार एक परिधि के समान है जो 360 अंशों का है। इस राशिचक्र के समानान्तर सभी ग्रहों के भ्रमण पथ की परिधियाँ हैं जो निःसंदेह राशिचक्र के समान ही 360 अंशों की हैं। राशिचक्र द्वादश राशियों से मिलकर बना है जहाँ प्रत्येक राशि का क्षेत्रविस्तार तीस अंशों का है। इस

प्रकार 30 × 12 = 360 अंश पूरे होते हैं। द्वादश राशियों और उनके स्वामी ग्रहों के नाम इस प्रकार हैं :-

सूचक अंक	राशि	स्वामी ग्रह	राशिचक्र पर स्थान
1	मेष	मंगल	प्रारम्भ 0^0 से 30^0 तक
2	वृष	शुक्र	31^0 से 60^0
3	मिथुन	बुध	61^0 से 90^0
4	कर्क	चन्द्रमा	91^0 से 120^0
5	सिंह	सूर्य	121^0 से 150^0
6	कन्या	बुध	181^0 से 210 तक
7	तुला	शुक्र	151^0 से 180^0
8	वृश्चिक	मंगल	211^0 से 240^0
9	धनु	बृहस्पति	241^0 से 270^0
10	मकर	शनि	271^0 से 300^0
11	कुम्भ	शनि	301^0 से 330^0
12	मीन	बृहस्पति	331^0 से 360^0

इसी प्रकार सम्पूर्ण राशिचक्र को सत्ताईस नक्षत्रों में विभाजित भी समझा जा सकता है। अतः प्रत्येक नक्षत्र के भाग में आते हैं $360 \div 27 = 13^1/_3$ अंश। चूंकि एक अंश में 60 कलायें मानी जाती हैं, अतः हम एक नक्षत्र का राशिचक्र पर क्षेत्र विस्तार 13 अंश 20 कला कह सकते हैं।

आवश्यकतानुसार हम कहीं-कहीं एक नक्षत्र को भी चार समान भागों में बाँट प्रत्येक भाग को एक चरण कहते हैं। इस प्रकार एक नक्षत्र में चार चरण होते हैं जिनमें से प्रत्येक का विस्तार $\frac{13^0 20'}{4} = 3^0 20'$ (तीन अंश बीस कला) होता है। एक 30^0 की राशि में ऐसे-ऐसे पूरे नौ चरण होते हैं। नक्षत्रों के दृष्टिकोण से एक राशि में सवा दो नक्षत्र होते हैं।

राशिचक्र पर सत्ताईस नक्षत्रों की द्वादश राशियों में स्थिति इस प्रकार है:-

राशि (Sign)	नक्षत्र (Constellation)	स्थिति (Position in Zodiac)
मेष (Aries)	अश्विनी के चारों चरण भरणी के चारों चरण कृत्तिका का प्रथम चरण	0^0 से 13^020'तक $13^026'$ से $26^040'$ तक $26^040'$ से 30^0 तक
वृष (Taurus)	कृत्तिका के शेष तीन चरण रोहिणी के चारों चरण मृगशिरा: के प्रथम दो चरण	31^0 से $40^000'$ तक =1 राशि /10^0 00' तक 1/0^0/0' से 1/10^0/00' तक 1/10^0/00' से 1/23^0/20' तक 1/23^0/20' से 1/30^0=2/0^0/0' तक
मिथुन (Gemini)	मृगशिरा: के शेष दो चरण आर्द्रा के चारों चरण पुनर्वसु के प्रथम तीन चरण	2/0^0/0' से 2/6^0/40' तक 2/6^0/40' से 2/20^0/0' तक 2/20^0/0' से 2/30^0/0' तक
कर्क (Cancer)	पुनर्वसु का अन्तिम चरण पुष्य के चारों चरण आश्लेषा के चारों चरण	3/0^0/0' से 3/3^0/20' तक 3/3^0/20' से 3/16^0/40' तक 3/16^0/40' से 3/30^0/0' = 4/0^0/0'तक
सिंह (Leo)	मघा के चारों चरण पूर्वा फाल्गुनी के चारों चरण उत्तरा फाल्गुनी का प्रथम चरण	4/0^0/0' से 4/13^0/20' तक 4/13^0/20' से 3/26^0/40' तक 4/26^0/40' से 5/0^0/0' तक
कन्या (Virgo)	उत्तरा फाल्गुनी के शेष तीन चरण हस्त के चारों चरण चित्रा के प्रथम दो चरण	5/0^0/0' से 5/10^0/0' तक 5/10^0/0' से 5/23^0/20' तक 5/22^0/20' से 6/0^0/0' तक

तुला (Libra)	चित्रा के शेष दो चरण स्वाती के चारों चरण विशाखा के प्रथम तीन चरण	6/0°/0' से 6/6°/40' तक 6/6°/40' से 6/20°/0' तक 6/20°/0' से 7/0°/0' तक
वृश्चिक (Scorpio)	विशाखा का अन्तिम चरण अनुराधा के चारों चरण ज्येष्ठा के चारों चरण	7/0°/0' से 7/3°/20' तक 7/3°/20' से 7/16°/40' तक 7/16°/40' से 8/0°/0' तक
धनु (Sagittarius)	मूल के चारों चरण पूर्वाषाढा के चारों चरण उत्तराषाढा का प्रथम चरण	8/0°/0' से 8/13°/20' तक 8/13°/20' से 8/26°/40' तक 8/26°/40' से 9/0°/0' तक
मकर (Capricorn)	उत्तराषाढा के शेष तीन चरण श्रवण के चारों चरण धनिष्ठा के प्रथम दो चरण	9/0°/0' से 9/10°/20' तक 9/10°/0' से 9/23°/20' तक 9/23°/20' से 10/0°/0' तक
कुम्भ (Aquarius)	धनिष्ठा के शेष दो चरण शतभिषा के चारों चरण पूर्वा भाद्रपदा के प्रथम तीन चरण	10/0°/0' से 10/6°/40' तक 10/6°/40' से 10/20°/0' तक 10/20°/0' से 11/0°/0' तक
मीन (Pisces)	पूर्वा भाद्रपदा का अन्तिम चरण उत्तरा भाद्रपदा के चारों चरण रेवती के चारों चरण	11/0°/0' से 11/3°/20' तक 11/3°/20' से 11/16°/40' तक 11/16°/40' से 11/30°/0' = 12/0°/0' = 0/0°/0' तक

प्रत्येक राशि में कुल नौ चरण

यहाँ राशिचक्र पर नक्षत्र स्थिति में प्रथम अंक बीत गयी राशियों का है। उदाहरणस्वरूप मीन राशि में पूर्वा भाद्रपदा का अन्तिम चरण 11/0°/0' से आरब्ध बताया गया है। अर्थात् ग्यारह राशियाँ बीत गयी हैं तथा अभी बारहवीं राशि मीन की स्थिति 0°/0' यानि मीन राशि के आरम्भ से

$11/3^0/20'$ तक = मीन राशि के तीन अंश 20 कला तक पूर्वा भाद्रपदा नक्षत्र के अन्तिम या चतुर्थ चरण की स्थिति है।

इसी प्रकार यदि पूर्वा भाद्रपदा नक्षत्र की सम्पूर्ण स्थिति जाननी हो तो देखें कि इस नक्षत्र के आरम्भ से अन्त तक की, अर्थात् प्रथम चरण से चतुर्थ चरण तक की स्थिति क्या है। यह है $10/20^0/0'$ से $11/3^0/20'$ तक। यहाँ $10/20^0/0'$ का अर्थ है कि दस राशियाँ बीत चुकी हैं तथा अभी एकादश राशि कुम्भ की स्थिति है। अतः पूर्वा भाद्रपदा नक्षत्र का राशिचक्र पर स्थान है कुम्भ राशि के $20^0/0'$ से मीन राशि के $3^0/20'$ तक।

यदि किसी व्यक्ति का जन्म पूर्वा भाद्रपदा नक्षत्र में हुआ हो तो उसका मूलांक क्या होगा, यह जानने के लिये इस नक्षत्र का अंक देखें। वह है 25.

$$25 \rightarrow 2 + 5 = 7$$

अतः इस व्यक्ति का मूलांक 7 है जिसका स्वामी है बृहस्पति।

ध्यान दें – किसी नक्षत्र का अंक उसके मूलांक को जानने के काम आता है, परन्तु जन्मकुण्डली में किसी राशि के स्थान पर लिखा जानेवाला अंक मात्र उस राशि का सूचक होता है और उसका कोई मूलांकीय प्रभाव नहीं समझना चाहिये। अर्थात् जन्मकुण्डली में हम जो मेषराशि के लिये 1, वृष के लिये 2... इसी प्रकार कुम्भ के लिये 11 और मीन के लिये 12 प्रयुक्त करते हैं वह मात्र उस राशि का प्रतिनिधि या सूचक अंक होता है, इसे मूलांक के दृष्टिकोण से नहीं देखना चाहिये। चूँकि इन राशियों का स्वामी ग्रह पूर्व-निर्धारित है अतः मूलांक द्वारा एक द्वितीय स्वामी ग्रह नहीं हो सकता है। जबकि किसी नक्षत्र का प्रभावोत्पादक स्वामी ग्रह उसके मूलांक द्वारा ही निर्धारित करते हैं।

2. जन्मलग्न और राशिचक्र
(The Ascendant and The Zodiac)

अब आगे बढ़ने से पूर्व जन्मलग्न के सम्बन्ध में पर्याप्त जानकारी आवश्यक है, या यूँ कहें कि अनिवार्य है। क्योंकि जन्मलग्न से ही प्राणी के जन्म एवम् जन्मकुण्डली का आरम्भ होता है, तथा इसका प्रभाव प्राणी पर अन्य सभी प्रभावी कारकों की तुलना में अधिकतर होता है। लग्न का अर्थ होता है लगा हुआ। जिस समय आत्मा एक नये शरीर से लगकर इस पृथ्वी पर प्रकट होता है, उसे जन्मलग्न या लग्न कहते हैं। और इसी लग्न के आधार पर सभी ग्रहफल होते हैं। पारिभाषिक रूप में लग्न का अर्थ आप इस प्रकार देख सकते हैं कि किसी भी घटना या जन्म के समय उस स्थान के पूर्वी क्षितिज* पर, जहाँ सूर्योदय होता है, जो राशि उदित हो रही होती है वह जन्मलग्न कहलाती है।

उदाहरणस्वरूप एक जन्म विवरण लें - 22 अप्रैल 1971 को पटना में 8 बजकर 12 मिनट प्रातः। इस समय सूर्य मेष राशि में है, परन्तु पटना के पूर्वी क्षितिज पर राशिचक्र की वृषराशि उदित है - $24^{0}24'$ पर। अर्थात् जन्म वृषलग्न में हुआ है तथा लग्नस्पष्ट स्थान है $01/24^{0}/24'$।

यद्यपि महादशा, अन्तर्दशा इत्यादि का साधन जन्मकालीन चन्द्रमा के स्पष्ट स्थान के आधार पर किया जाता है, तथा वर्तमान आकाशीय ग्रहचार का फल भी प्रधानतया जन्मकालीन चन्द्रमा की राशि के आधार पर ज्ञात किया जाता है, तथापि जन्मलग्न इन दोनों के अतिरिक्त अन्य सभी स्थानों पर प्रधानता रखता है। और भी, जन्मकालीन चन्द्रमा के आधार पर जो दशासाधन किया जाता है उसका फल भी जन्मलग्न के आधार पर बनी कुण्डली से ही ज्ञात किया जाता है, न कि चन्द्रकुण्डली से। तथा वर्तमान गोचर के फल में भी जन्मकुण्डली की महती भूमिका होती है। बिना

---

* जब सूर्य मेष या तुला राशि में प्रवेश करता है तब सूर्योदय सभी स्थानों पर अधिकतम रूप से पूर्व दिशा के मध्य में होता है। अन्य दिनों सूर्य के उदयस्थान की स्थिति में गणितीय रूप से भेद होता है।

जन्मलग्न के ज्ञान के केवल चन्द्रराशि या नाम आदि के आधार पर फल बताना नितान्त अनुचित व भ्रामक है।

मनुष्य का शारीरिक गठन, स्वभाव आदि तथा उसके लिये शुभाशुभ वर्ण, दिशा आदि का निर्धारण भी मात्र जन्मलग्न के आधार पर बनी जन्मकुण्डली या जन्मलग्नकुण्डली से ही किया जा सकता है। 24 घण्टे में द्वादश राशियों या लग्नों के उदयकाल या कालावधि का औसत दो घण्टे प्रत्येक लग्न होता है। किन्तु विभिन्न अक्षांशों के स्थानों पर विभिन्न लग्नों का उदयकाल या मान भिन्न होता है – किसी स्थान से निकटवर्ती स्थानों पर अन्तर न्यून होता है परन्तु दूरवर्ती स्थानों पर अन्तर अधिक होता है। भारत (IST) में कुम्भ एवं मीन लग्नों का पृथक्-पृथक् उदयकाल लगभग डेढ़ घण्टे का होता है, तथा अधिकतम उदयकाल या लग्नमान सिंह, कन्या, तुला आदि लग्नों का लगभग सवा दो घण्टे का होता है।*

राशियों पर आधिपत्य का वितरण : सात ग्रहों के अधिकार में द्वादश राशियों की स्थिति है। राहु/केतु को किसी भी राशि का आधिपत्य प्रदान नहीं किया गया है।

ग्रह	अधीनस्थ राशि
सूर्य	सिंह
चन्द्र	कर्क
मंगल	मेष व वृश्चिक
बुध	मिथुन व कन्या
बृहस्पति	धनु व मीन
शुक्र	वृष व तुला
शनि	मकर व कुम्भ

सूर्य और चन्द्रमा के अधिकार में एक-एक राशि है जबकि अन्य पाँच ग्रहों को दो-दो राशियों का स्वामित्व प्राप्त है।

* प्रत्येक वर्ष अयनांश की क्रमिक वृद्धि से इनके मान में भी कुछेक सेकेण्ड्स् से अन्तर आता जाता है।

ऐसी कल्पना की गयी है कि सूर्य सभी ग्रहों में राजा के पद पर आसीन है, चन्द्रमा रानी है। सर्वप्रथम सूर्य ने द्वादश राशियों में से अपने स्वभाव के सर्वाधिक अनुकूल सिंह राशि को चुना, इसके पश्चात् चन्द्रमा ने कर्क राशि को चुना। अब रह गयी शिष्ट दस राशियाँ, जिन्हें बाँटा जाना है पाँच ग्रहों में। अतः प्रत्येक ग्रह को दो-दो राशियाँ मिलना स्वाभाविक है।

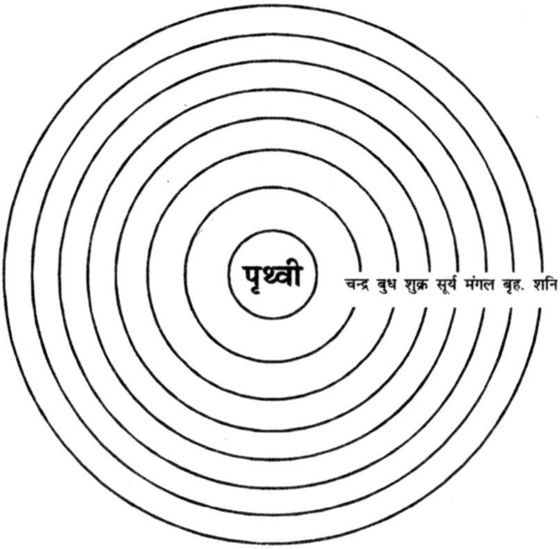

चित्रः भारतीय खगोल विज्ञान के अनुसार ग्रहकक्षा क्रम।
(Planets' orbital position according to Indian astronomy)

हमारी मान्यता है कि पृथ्वी के चारों ओर सूर्य आदि सभी ग्रह परिक्रमा करते हैं। पृथ्वी के सबसे निकट चन्द्रमा की कक्षा है। चन्द्रमा के पश्चात् क्रमशः बुध, शुक्र, सूर्य, मंगल, बृहस्पति और सबसे अंत में शनि की कक्षा है। पृथ्वी के सबसे निकट चन्द्रमा है यतः इसकी गति सबसे तीव्र है, तथा शनि की कक्षा इन सात ग्रहों में पृथ्वी से सर्वाधिक दूर है यतः इसकी गति सबसे मन्द है।

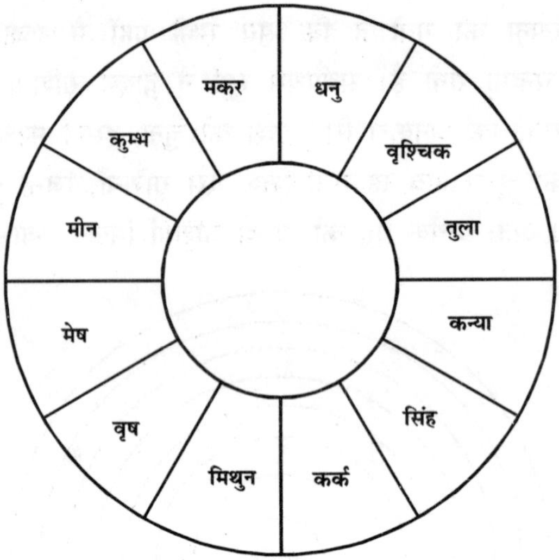

यह राशिचक्र देखें। राशिचक्र में राशियों का क्रम इसी प्रकार और इसी दिशा में है। सिंह राशि सूर्य का स्थान है तथा कर्क राशि चन्द्रमा का। राशि-आधिपत्य वितरण के समय सूर्य ने अपनी सिंहराशि के निकटतम स्थित कन्या राशि को चन्द्रमा छोड़कर पृथ्वी के निकटतम ग्रह बुध को प्रदान किया, तो चन्द्रमा ने अपनी कर्क राशि के निकटतम स्थित मिथुन राशि को बुध को प्रदान किया। पृथ्वी से दूरी के क्रम में बुध के पश्चात् शुक्र का स्थान है। अतः तत्पश्चात् सूर्य ने कन्या के बगल की तुला राशि शुक्र को प्रदान किया, तो चन्द्रमा ने मिथुन के बगल की वृषराशि शुक्र को प्रदान किया। शुक्र के पश्चात् सूर्य की कक्षा आती है परन्तु चूँकि सूर्य और चन्द्रमा स्वयं राशि ग्रहण कर अब अन्यों को प्रदान कर रहे हैं अतः इनकी कक्षाओं का इस समय विचार नहीं करेंगे। शुक्र के पश्चात् सूर्य, और सूर्य के पश्चात् मंगल की कक्षा आती है। यतः आगे सूर्य ने तुला से सटी वृश्चिक राशि, तो चन्द्रमा ने वृष से सटी मेष राशि मंगल को प्रदान किया। मंगल के पश्चात् बृहस्पति की कक्षा आती है, अतः सूर्य ने वृश्चिक से सटी धनु राशि, तो चन्द्रमा ने मेष से सटी मीन राशि बृहस्पति को प्रदान किया। बृहस्पति के पश्चात् अन्ततः सबसे दूरी पर स्थित शनि की कक्षा आती है, अतः सूर्य ने तत्पश्चात् धनु से सटी मकर राशि, तो चन्द्रमा ने

मीन से सटी कुम्भ राशि शनि को प्रदान किया। इस प्रकार द्वादश राशियों पर सात ग्रहों को आधिपत्य प्राप्त हुआ। **ब्रह्माण्ड में अनेक और भी ग्रह हैं, परन्तु पृथ्वी और मानवजीवन को प्रभावित करने की क्षमता मात्र इन्हीं सात ग्रहों + दो तमोग्रह राहु व केतु में पाकर हमारे ऋषियों ने ग्रहगणना यहीं तक सीमित रखा।**

इस राशिवितरण के क्रम से यह समझ बन सकती है कि सिंह से मकर तक की छ: राशियाँ सूर्य के प्रभाव में, तथा कर्क से विपरीत क्रम में कुम्भ तक की छ: राशियाँ चन्द्रमा के प्रभाव में हैं – परन्तु ऐसा नहीं है। उदाहरणस्वरूप कुम्भ राशि में चन्द्रमा के कोई बहुत अच्छे लक्षण नहीं पाये जाते। ये दोनों कुम्भ और कर्क लग्नवाले परस्पर शत्रु होते हैं, तथा अधिकतर कुम्भलग्न वालों में न्यून या अधिक मात्रा में मानसिक असन्तुलन* भी पाया जाता है। अत: इस राशिवितरण को वितरण मात्र ही समझा जाना चाहिये।

ग्रह एवम् राशि आदि पर आधारित सम्पूर्ण ज्योतिष शास्त्र को दो भागों में देखा जा सकता है – गणित एवं फलित। गणित ज्योतिष को खगोलविज्ञान (Astronomy) कह सकते हैं जिसमें ग्रहों के स्पष्ट स्थान इत्यादि जटिल गणनाओं एवं प्रत्यक्ष वेध द्वारा जाने जाते हैं। फलित ज्योतिष (Predictive Astrology) इन ग्रहों व राशि आदि के योगों आदि से मानव एवं चराचर जीवन को प्रभावित करने की क्षमता का ज्ञानप्रकाश प्रस्तुत करता है।

राशिचक्र की द्वादश राशियों को फलित ज्योतिष के दृष्टिकोण से विषम और सम, तथा पुरुष और स्त्री राशियों में वर्गीकृत किया जा सकता है। मेष, वृष इत्यादि राशियों का सूचक अंक 1, 2 इत्यादि से होते हुए अन्तिम राशि मीन का 12 होता है। यह पूर्व में कहा जा चुका है कि इन राशियों को ये अंक सुविधा प्राप्ति की दृष्टि से प्रदान किये गये हैं। साथ ही यह भी है कि सृष्टि के आरम्भ में ग्रहों ने मेष राशि के आदि बिन्दु से चलना

---

* चन्द्रमा मन का कारक होता है। कुम्भलग्न में चन्द्रमा रोगेश है।

आरब्ध किया था यत: वृत्ताकार इस राशिचक्र में मेषराशि को प्रथम राशि व मीन को अन्तिम राशि मान लिया गया। केवल मान लिया गया, अन्यथा वृत्त की परिधि पर कौन-सा बिन्दु आरम्भ का व कौन-सा अन्त का होता है! अत: यह दुहराया जा रहा है कि 1, 2 इत्यादि अंक जो मेषादि राशियों के स्थान पर आते हैं, वे मात्र उन राशियों के सूचक अंक है, उन्हें उन राशियों का मूलांक समझने की त्रुटि नहीं की जानी चाहिये।

राशियाँ (Sign)	लिंग (Sex)	अंक प्रकृति (Odd/Even)
1. मेष	पुरुष (Male)	विषम (Odd)
2. वृष	स्त्री (Female)	सम (Even)
3. मिथुन	पुरुष (Male)	विषम (Odd)
4. कर्क	स्त्री (Female)	सम (Even)
5. सिंह	पुरुष (Male)	विषम (Odd)
6. कन्या	स्त्री (Female)	सम (Even)
7. तुला	पुरुष (Male)	विषम (Odd)
8. वृश्चिक	स्त्री (Female)	सम (Even)
9. धनु	पुरुष (Male)	विषम (Odd)
10. मकर	स्त्री (Female)	सम (Even)
11. कुम्भ	पुरुष (Male)	विषम (Odd)
12. मीन	स्त्री (Female)	सम (Even)

विषम राशियों का सूचक अंक 2 से नहीं विभाजित होता, जबकि सम राशियों का सूचक अंक 2 से विभाजित होता है। पुरुष राशियाँ स्त्री राशियों से अधिक बली होती हैं, इनमें पुरुषत्व होता है, दृढ़ता होती है, ज्ञानप्राप्ति की अधिक क्षमता होती है। स्त्री राशियों में स्त्रैण लक्षण होते हैं - कोमलता होती है, अत्यधिक सांसारिकता होती है, अधिक दुर्बलता होती है तुलना में पुरुष राशियों की।

पुरुष राशियों की (अर्थात् जन्मलग्नों की, चन्द्रराशियों की आदि) मित्रता पुरुष राशियों से होती है। अर्थात् विषम लग्नों में जन्म लेने वाले परस्पर स्वाभाविक मित्र होते हैं। इसी प्रकार समलग्नों में जन्म लेने वाले परस्पर एक-दूसरे के स्वाभाविक मित्र होते हैं।

परन्तु पुरुष लग्नवालों की स्त्री लग्नवालों से, तथा स्त्री लग्नवालों की पुरुष लग्नवालों से शत्रुता होती है। जैसे मेष और वृष लग्नवालों में परस्पर शत्रुता, इसी प्रकार मिथुन और वृश्चिक लग्नवालों में भी।

तथापि अपने जन्मलग्न से चतुर्थ और दशम लग्नवालों से सांसारिक सम्बन्ध (व्यावसायिक या वैवाहिक आदि) बनाये जा सकते हैं - परामर्श के रूप में इन संबंधों में बहुत सावधानी रखनी चाहिये क्योंकि ये दोनों लग्न शत्रुवर्ग के ही होते हैं, अर्थात् इनकी स्वाभाविक प्रवृत्ति शत्रुवर्ग के लग्नों से ही मेल खाती है।

जन्म के समय चन्द्रमा जिस राशि में रहता है उसे जन्मराशि, जन्मचन्द्रराशि, या चन्द्रराशि कहा जाता है। मित्रता और शत्रुता अथवा पक्ष और विपक्ष के निर्धारण मे जन्मलग्न सर्वाधिक प्रभावी होता है, चन्द्रराशि का बहुत अन्तर से द्वितीय स्थान है। अर्थात् दो व्यक्तियों के जन्मलग्न यदि परस्पर विरुद्ध हों, तो उनकी चन्द्रराशियों में परस्पर मेल रहने पर भी सम्बन्ध नहीं करना चाहिये। यह बड़े आश्चर्य की बात है कि एक लम्बे समय से लेकर आज भी जन्मलग्न पर ध्यान न दे केवल जन्मनक्षत्रों के मेल व मंगलदोष का ही प्रमुखतया विचार कर वर-वधूओं की जन्मकुण्डलियाँ मिलायी जाती रही हैं, जिनसे किसी प्रकार के वैज्ञानिक सुखद फल की आशा करना व्यर्थ ही है। जान पड़ता है कि यह कितने ही नैतिक-संकोच-विहीन पण्डितों का धर्मभीरू जनता को लूटने का फैलाया जाल है, क्योंकि जन्मकुण्डली तो बहुत लोगों के पास विभिन्न कारणों से नहीं होती है, ऐसे में बस नाम से नाम मिला भी धन ऐंठने में सरलता प्राप्त हो जाती है।

विवाह के लिये वर से न्यून आयु की कन्या (वधू) का लग्न सप्तम भाव अथवा एकादश भाव में होना सर्वोत्तम है। दशम भाव में वधू का लग्न होना मध्यम या मिश्रित फलप्रद है। अन्य मित्र भावों में वधू का लग्न होना (केवल वैवाहिक दृष्टिकोण से) शुभ नहीं होता है। यदि त्रिक (छठे, आठवें, बारहवें) भावों में लग्न हो तो यह विवाह थोड़े हानिकारक होने से लेकर विनाशकारक तक हो सकता है। उदाहरण के लिये वृषलग्न के किसी

जन्मलग्न	मित्र लग्न	शत्रु लग्न	बहुत सावधानी के साथ मित्रता के लग्न-शत्रुवर्ग से
मेष	सभी विषमांकीय लग्न (अर्थात् मेष, मिथुन, सिंह, तुला, धनु, कुम्भ)	वृष, कन्या, वृश्चिक, मीन	कर्क, मकर
वृष	सभी समांकीय लग्न (वृष, कर्क, कन्या, वृश्चिक, मकर, मीन)	मेष, मिथुन, तुला, धनु	सिंह, कुम्भ
मिथुन	सभी विषमांकीय लग्न	वृष, कर्क, वृश्चिक, मकर	कन्या, मीन
कर्क	सभी समांकीय लग्न	मिथुन, सिंह, धनु, कुम्भ	तुला, मेष
सिंह	सभी विषमांकीय लग्न	कर्क, कन्या, मकर, मीन	वृष, वृश्चिक
कन्या	सभी समांकीय लग्न	मेष, सिंह, तुला, कुम्भ	मिथुन, धनु
तुला	सभी विषमांकीय लग्न	वृष, कन्या, वृश्चिक, मीन	कर्क, मकर
वृश्चिक	सभी समांकीय लग्न	मेष, मिथुन, तुला, धनु	कुम्भ, सिंह
धनु	सभी विषमांकीय लग्न	वृष, कर्क, वृश्चिक, मकर	कन्या, मीन
मकर	सभी समांकीय लग्न	मिथुन, सिंह, धनु, कुम्भ	मेष, तुला
कुम्भ	सभी विषमांकीय लग्न	कर्क, कन्या, मकर, मीन	वृष, वृश्चिक
मीन	सभी समांकीय लग्न	मेष, सिंह, तुला, कुम्भ	मिथुन, धनु

व्यक्ति के लिये वृश्चिक या मीन लग्न की अपने से न्यून आयु की कन्या से विवाह करना उत्तम रहेगा। कुम्भ लग्न की कन्या मिश्रित फल प्रदान

करने वाली होगी। अन्य मित्र भाव के लग्न-वृष, कर्क, कन्या या मकर लग्नों तथा सिंह लग्न की भी कन्या से विवाह करना कुछ शुभ नहीं रहेगा। और मेष, तुला या धनु लग्न की किसी कन्या से विवाह करना मानों अपनी क्षति को निमन्त्रण देना है। अनुकूल लग्न होने के साथ-साथ जीवनसाथी का अनुकूल दृष्टिकोण होना व उसमें मित्रतापूर्ण व्यवहार व प्रवृत्ति का होना भी आवश्यक है - सदा ध्यान रखें।

3. ग्रह और भाव परिचय
(Planets and Houses)

ग्रह	वर्ण	दिशा	आंत-रिक कारक तत्त्व	पद	अंग	तत्त्व	ज्ञान इन्द्रिय बोध	ऋतु
सूर्य	स्वर्णिम	पूर्व	आत्मा	राजा	अस्थि	अग्नि	दृष्टि	ग्रीष्म
चन्द्र	श्वेत	वायव्य	मन:	रानी	रक्त	जल	स्वाद	वर्षा
मंगल	रक्त	दक्षिण	बल	सेनापति	मज्जा, रज: कण	अग्नि	स्त्रियों के लिये मैथुन सुख	ग्रीष्म
बुध	हरित	उत्तर	वाणी	राजकुमार	त्वचा	पृथ्वी	घ्राण	शरद्
बृहस्पति	पीत	ईशान	सुख	देवगुरु	माँस	आकाश	श्रवण	हेमन्त
शुक्र	श्वेत-काला मिश्रित	आग्नेय	कामना	दैत्यगुरु	वीर्य		मैथुन	वसंत
शनि	नील	पश्चिम	दु:ख	सेवक	नस	वायु	स्पर्श	शिशिर
राहु/केतु	काला	नैर्ऋत्य	विनाश/ लोप					

इन ग्रहों में बुध चन्द्रमा का पुत्र, तथा शनि सूर्य का पुत्र माना जाता है। ग्रहों का सम्बद्ध कारकत्व से प्रगाढ़ सम्बन्ध है। जैसे किसी की जन्मकुण्डली में यदि बृहस्पति अकारक ग्रह हो (त्रिक का स्वामी हो परन्तु त्रिकोण का स्वामी न हो), साथ ही पापग्रस्त और त्रिकस्थ हो तो व्यक्ति की श्रवणशक्ति में बाधा होगी। इस व्यक्ति के लिये ईशान दिशा (पूर्वोत्तर) हानिकारक आदि रूपों में अशुभ होगी। जन्मस्थान से स्थायी रूप में, तथा वर्तमान निवास से भी विभिन्न दिशाओं की शुभता-अशुभता देखनी चाहिये।

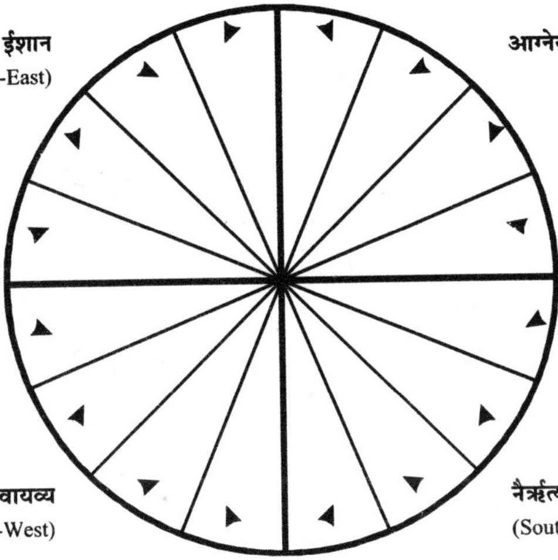

एक वृत्त खींचें। वृत्त में दो समलम्ब रेखायें - ऊपर और नीचे तथा बाँये-दाँये खींचें। अर्धवृत्त में दो रेखाओं के मध्य के भाग को चार समान भागों में बाँटें। इस प्रकार सम्पूर्ण वृत्त में कुल सोलह भाग बनेंगे, और दिशायें हैं कुल आठ। अतः प्रत्येक दिशा के मध्य बिंदु से $22\frac{1}{2}^0$ आगे तथा पीछे तक उस दिशा का क्षेत्र होगा। तत्पश्चात् 45^0 का क्षेत्र ईशान आदि किसी कोण का होगा।

दिशाओं का प्रयोजनः षष्ठेश की दिशा में शत्रुता, विवाद आदि, नवमेश की दिशा में धर्म, भाग्य आदि लब्धि, पञ्चमेश की दिशा में विद्या आदि फलप्राप्ति इत्यादि का अनुमान लगाना चाहिये।

आत्मकारक ग्रह (Soul Representing Planet): जन्मलग्नकुण्डली में प्रत्येक ग्रह का स्पष्ट स्थान देखें। तीस अंशों की राशियों में जो ग्रह सभी ग्रहों के स्पष्ट स्थानों में अधिकतम अंश पर हो वह आत्मकारक ग्रह कहलाता है। उदाहरणस्वरूप एक जन्मलग्नकुण्डली देखें:-

जन्म : 22 अप्रैल 1971,
समय : 08 घं. 12 मि. प्रातः,
वार : बृहस्पतिवार
स्थान: पटना
(अक्षांश - $25^0 36'$ उत्तर)

॥ जन्मलग्नकुण्डली ॥

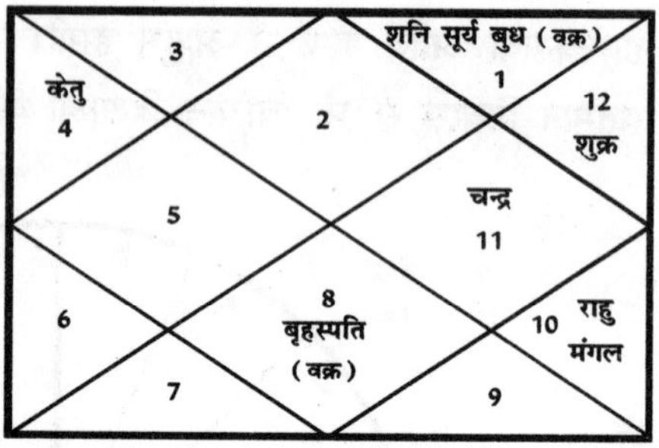

ग्रह		स्पष्ट स्थान	स्पष्ट गति
सूर्य	:	$0/07^0/52'$	$58.5'$
चन्द्र	:	$0/27^0/17'$	मध्यम से अधिक
मंगल	:	$9/00^0/14'$	$33'$
बुध	:	$0/04^0/17'$	$41'$ (वक्र)
बृहस्पति	:	$7/11^0/40'$	$5.5'$ (वक्र)
शुक्र	:	$11/04^0/40'$	$72'$
शनि	:	$0/29^0/14'$	$7.5'$
राहु	:	$9/26^0/35'$	$3.2'$ (वक्र)

यहाँ चन्द्रमा कुम्भ राशि में 27^0 पर है, परन्तु शनि मेष राशि में 29^0 पर है। अर्थात् अपनी-अपनी वर्तमान राशियों में केवल अंशों के दृष्टिकोण से शनि सभी ग्रहों में सर्वाधिक अंशों पर है। अतः शनि इस जातक का आत्मकारक ग्रह है।

आत्मकारक ग्रह जातक के आत्मा का प्रतिनिधि होता है। इस ग्रह की स्थिति के अनुसार जातक के आत्मा की स्थिति होती है। जिस प्रकार किसी वाहन को कोई व्यक्ति अपनी इच्छा के अनुसार जिस किसी भी दिशा में

ले निकलता व वाहन सुख प्राप्त करता है, उसी प्रकार आत्मा इस शरीर को वाहन की भाँति विभिन्न कार्यों में प्रवृत्त करता है।

जन्मलग्न	**आत्मकारक ग्रह**	**लग्नेश**
शरीर (Body)	आत्मा (Soul)	शरीर और आत्मा का संयोगरूप जीव (Man or any creature as a combined form of the soul and the body)

जिस प्रकार बिना विद्युत् के पंखा आदि किसी भी यन्त्र का कार्य कर पाना संभव नहीं होता, उसी प्रकार बिना आत्मा के इस शरीर का कोई भी कार्य करना पाना संभव नहीं है।

जिस प्रकार विद्युत् पंखा के चक्र को घुमाती है, ट्यूबलाइट से प्रकाश उत्पन्न करती है, लिफ्ट को ऊपर खींचती है इत्यादि, अर्थात् जिस यन्त्र से जैसा कार्य संभव हो पाता है वैसा कार्य कराती है, उसी प्रकार आत्मा अपने वर्तमान पशु या मनुष्य के शरीर का निरीक्षण कर विचारता है कि इस शरीर से क्या-क्या कार्य सम्भव है, उन्हीं कार्यों का सम्पादन करता है। अत: यह स्पष्ट है कि जितना बल आत्मा में होगा उतना ही बड़ा कार्य सम्पादित करने की क्षमता इस शरीर में होगी।

अत: शारीरिक आन्तरिक बल जानने के लिये लग्नेश से भी पूर्व आत्मकारक ग्रह के बल को जानें। आत्मकारक ग्रह के उच्चादि राशियों में बली रहने पर आत्मा बली होगा। इसके विपरीत नीचादि राशियों एवम् त्रिक में पापग्रस्त रहने पर आत्मा दुर्बल होगा। आत्मकारक ग्रह यदि लग्न से शुभ भावों का स्वामी हो तो उस मनुष्य को अच्छे मार्ग पर चलने वाला व सज्जन समझा जा सकता है। यदि यह त्रिक भावों का स्वामी हो तो जातक पापी अन्त:करण वाला होता है। इस सम्बन्ध में साथ-साथ आत्मकारक ग्रह की भावस्थिति व ग्रहसंगति पर भी यथेष्ट विचार आवश्यक है।

चूँकि जन्मलग्न, आत्मकारक ग्रह और लग्नेश में घनिष्ठ रूप से आन्तरिक सम्बन्ध होता है, अतः इन तीनों से मित्रतापूर्ण व शुभ सम्बन्ध होना आवश्यक है - एक अच्छे व सफल नैतिक मनुष्य के लिये।

ग्रह शुभ या अशुभ दो प्रकार से होते हैं - (1) प्राकृतिक रूप से (Naturally) (2) शुभ या अशुभ भावों के स्वामी के रूप में (According to their house-lordship)।

प्राकृतिक रूप से

शुभ ग्रह	अशुभ ग्रह	शुभ परन्तु कठोर ग्रह
बृहस्पति, शुक्र, बुध, चन्द्र	राहु, केतु, शनि, मंगल	सूर्य

शुभ ग्रह मानों पुष्प की भांति या रुई के समान कोमल होते हैं। अशुभ ग्रह मानों ढेले या पत्थर के समान कड़े होते हैं। शुभ ग्रह जहाँ बैठेंगे वहाँ सुख का वातावरण छायेंगे, अशुभ ग्रह जहाँ बैठेंगे वहाँ दु:ख उत्पन्न करेंगे।

सूर्य सभी ग्रहों का राजा है। वह परम तेजस्वी ग्रह है*। उसके पिण्ड में केवल प्रकाश ही प्रकाश है - वह प्रकाशमय है, प्रकाशस्वरूप है। इसमें अन्धकार का कोई स्थान नहीं है। परन्तु इसमें ताप भी है। अतएव सूर्य में जहाँ शुभ ग्रहों की अधिकतम शुभता है वही पापग्रहों का तापप्रद स्वभाव भी है, परन्तु अशुभता नहीं है। अतः सूर्य को शुभ परन्तु कठोर ग्रह के अन्तर्गत रखना उचित होगा।

राहु सूर्य से सर्वथा विपरीत लक्षण वाला अन्धकार-स्वरूप है जिसमें प्रकाश की कोई उपस्थिति न तो है और न ही हो सकती है। अपितु यह सूर्य के प्रकाश को भी रोक देता है।

---

* परन्तु बन्धन-मुक्त आत्मा या ब्रह्म से अधिक नहीं, देखें भगवद्गीता, अध्याय एकादश।

सूर्य से सभी प्राणियों को व समस्त लोकों को जीवन मिलता है। जैसा राहु वैसा केतु। जहाँ ये दोनों ग्रह बैठते हैं और जिन ग्रहों के संग में होते हैं, उन सबको अत्यधिक अशुभता प्रदान करते हैं।

शनि भी अशुभ ग्रह माना गया है परन्तु इसके द्वारा दिया गया दु:ख मनुष्य को सुधरने की प्रेरणा भी देता है। अब मनुष्य कितना सुधार कर पाता है यह तो उस पर ही निर्भर है।

बृहस्पति शुभ ग्रह तो है परन्तु यह सुख व धन का कारक होने के कारण सूर्य के समान शुभ नहीं है। अत: शुभ ग्रहों में प्रथम स्थान सूर्य का, तत्पश्चात् बृहस्पति, शुक्र, बुध और चन्द्र का।

ग्रहों की शुभाशुभता को निर्धारित करने का द्वितीय कारणस्रोत है ग्रहों का शुभ या अशुभ भावों का स्वामी होना।

भाव संज्ञा (Houses' Nickname)	**संकेतित भाव** (Represented Houses)
त्रिकोण	पञ्चम, नवम
केन्द्र	चतुर्थ, सप्तम, दशम
त्रिक	षष्ठ, अष्टम, द्वादश

इनके अतिरिक्त जिन भावों से जिन-जिन बातों का विचार होता है, उनसे भी उस भाव का कथन करते हैं। जैसे - द्वितीय भाव से हम धन या वित्त, कुटुम्ब, आदि का विचार करते हैं, तो हम द्वितीय भाव के स्वामी को द्वितीयेश के अतिरिक्त धनेश, वित्तेश आदि भी कहा करते हैं। इसी प्रकार तृतीयेश को पराक्रमेश आदि, चतुर्थेश को सुखेश आदि, पञ्चमेश को पुत्रेश आदि, षष्ठेश को रोगेश आदि, सप्तमेश को जायेश आदि, अष्टमेश को रन्ध्रेश, नवमेश को धर्मेश, भाग्येश आदि, दशमेश को कर्मेश आदि, एकादशेश को लाभेश, आयेश आदि, तथा द्वादशेश को व्ययेश आदि भी कहते हैं।

कितने ही क्या, अधिकतर लोग अष्टम स्थान को आयु का स्थान मान इस अष्टम से बारहवें भाव सप्तम भाव को आयु के व्यय का स्थान मान मारक भाव मानते हैं। यह समझ या बोध का भ्रम है। परन्तु यह बहुत आश्चर्य एवम् खेद की भी बात है कि किसी समय ज्योतिषशास्त्र में प्रक्षिप्त इस मिथ्याबोध को अभी तक के ज्योतिर्विद् भेंड़चाल में अनुगमन करते हुए तोते की भांति रटते चले आ रहे हैं। अष्टम स्थान वस्तुतः आयु का स्थान न हो मृत्यु का स्थान है। लग्न शरीर और आत्मा के संयोग के आरम्भ का स्थान है, तथा अष्टम स्थान इस आरम्भ का अन्त कर देता है। इस शरीर से आत्मा को पृथक् कर देता है।

किसी भी भाव के संबंध में, चाहे वे त्रिक भाव ही क्यों न हों, यह स्पष्ट रूप से अवबोध प्राप्त कर लें कि यदि उस भाव का स्वामी उसी भाव में स्थित हो, या किसी भी रूप में शुभता के साथ बली हो तो उस भाव से संबंधित सभी सुखद फल प्राप्त होंगे। जैसे - पञ्चम भाव व पञ्चमेश शुभ स्थिति में व बली हों तो अच्छी विद्या-बुद्धि व सन्तान सुख प्राप्त होगा। इसी प्रकार छठा भाव व षष्ठेश शुभ स्थिति में बली होगा तो शत्रु व रोग के कारण होने वाली पीड़ा न के समान होगी। परन्तु पञ्चम भाव व पञ्चमेश में स्वाभाविक रूप से, षष्ठ भाव से द्वादश व द्वादशेश होने के कारण, शत्रु व रोग को हानि पहुँचाने की शक्ति व प्रवृत्ति रहती है।

इसी प्रकार अष्टम भाव और अष्टमेश यदि शुभ स्थिति में बली हों तो मृत्यु दूर होगी और मृत्यु तुल्य कष्ट भी इसके कारण न के समान प्राप्त होगा। यदि अष्टम भाव व अष्टमेश अशुभ ग्रहों से सम्बद्ध व दुर्बल हों, तो इससे कभी भी लग्न का अर्थात् आत्मा-शरीर संयोग का मृत्यु हो सकता है, तथा जातक को अपमान, पराजय आदि मृत्यु तुल्य कष्टों की भी प्राप्ति होती रह सकती है। अतः यद्यपि अष्टम भाव मनुष्य के कुल जीवन-अवधि या आयु का द्योतक होता है, परन्तु विपरीत प्रकार से-मृत्यु के कितने दूर होने के रूप में। आयु तो लग्न में है–लग्न जीवन जीता है, अष्टम भाव इस अवसर के प्रयास में रहता है कि कब उसे लग्न पर मारक प्रहार करने का अवसर प्राप्त हो–शुभ स्थितियों से उसे अवसर देर से मिलता है तथा अशुभ स्थितियों से यह अवसर शीघ्र प्राप्त हो सकता है।

इस बात को एक उदाहरण से समझें। छठे भाव से रोग का विचार करते हैं। यदि षष्ठ भाव व षष्ठेश शुभ स्थिति में बली हैं तो रोग बहुत या लगभग नहीं होते, विपरीत स्थिति में रोग होते हैं। तो हम क्या छठे भाव को स्वास्थ्य का भाव मान लें! और यदि छठा भाव स्वास्थ्य का भाव हो जाये तो पञ्चम भाव उससे व्यय भाव में होने के कारण स्वास्थ्यनाशक हो लग्न का शत्रु भाव हो जायेगा!! इसी प्रकार अष्टम भाव व अष्टमेश के शुभ स्थिति में रहने पर मृत्यु दूर होता, तथा विपरीत स्थिति में मृत्यु निकट होता है। तो क्या हम इस मृत्यु को आयु मान लें! नहीं, क्योंकि आयु का अर्थ है जीवन जीना-जो कि लग्न में होता है। अष्टम भाव में मृत्यु बैठा है जो इस कार्य को होने नहीं देना चाहता है। शुभ स्थिति में देर से प्रहार करता है तथा अशुभ स्थिति में निकट में। सप्तम भाव इस अष्टम भाव का द्वादश या बारहवाँ भाव है। सप्तम भाव इस मृत्यु को हानि पहुँचाने की प्रवृत्ति रखता है, या जातक को मृत्यु से दूर रखता है। अतः सप्तम भाव आयु-रक्षक है, न कि पोंगा-पण्डितों की भ्रान्त अवधारणा के रूप में मारक। सप्तम भाव होता है जीवनसाथी का। और जीवनसाथी जीवन का रक्षक भी होता है। जैसे सावित्री ने सत्यवान् का जीवन बचाया था, इत्यादि। सप्तम भाव लग्न के मित्रभावों में से एक है। यह न केवल लग्न का मित्र है, अपितु लग्न के शत्रु भावों द्वादश व अष्टम भाव का शत्रु भी है। इस प्रकार सप्तमभाव लग्न की स्थिति को बलवत्तर करता है। परन्तु जब मनुष्य सप्तमभाव-स्थित सम्भोग (Sex) का दुरुपयोग करता है, तब इससे सप्तम भाव दुर्बल होता है। चूंकि सप्तम और एकादश भाव जातक की सुरक्षा के भाव हैं, अतः सप्तम भाव की दुर्बलता जातक को संकट में डाल सकती है, तथा मृत्युविरोधी सप्तम भाव के दुर्बल होने से मृत्यु निकट आ सकता है। अतः वीर्य का अधिक और अशुभ व्यय नहीं करना चाहिये। वीर्य की संरक्षा मानों मृत्यु को दूर भगाना है।

निष्कर्ष में – अष्टम भाव व भावेश का शुभ स्थिति में व बली होना मृत्यु दूर करता है।

षष्ठ भाव व भावेश का शुभ स्थिति में व बली होना होना रोग दूर करता है।

द्वादश भाव व भावेश का बली व शुभ स्थिति में होना हानि दूर करता है।

इन त्रिक भावों से त्रिक भावों के स्थान (व स्वामी), जो कि लग्न के मित्र भाव होते हैं, जातक को इन मृत्यु आदि अशुभताओं से दूर रखते हैं। परन्तु ये त्रिक भाव स्वयम् जितना अधिक बली होंगे, उतना ही अधिक इन अशुभताओं को दूर रख पायेंगे।

त्रिक भाव	इस भाव से छठे, आठवें, बारहवें स्थान के शत्रुभाव–	ये शत्रुओं के शत्रु भाव दूर करते हैं–
षष्ठ भाव	पञ्चम, एकादश, लग्न	शत्रु, रोग, ऋण आदि
अष्टम भाव	सप्तम, लग्न, तृतीय	मृत्यु, पराजय, अपमान, पाप आदि
द्वादश भाव	एकादश, पञ्चम, सप्तम	हानि, पतन, बन्धन आदि

जो ग्रह लग्न से त्रिक भावों के स्वामी होते हैं वे संसार की समस्त अशुभताओं को अपने में धारण करने के कारण अत्यन्त अशुभ या पापी ग्रह होते हैं। जब ये अशुभ प्रभाव में आते हैं तो इनका पाप प्रभाव और अधिक बढ़ जाता है। त्रिक तीन गड्ढे होते हैं पतन के, जिनमें फँसा मनुष्य क्षयपूर्वक नष्ट हो जाता है। इन तीन लग्नों और लग्न वालों से आसक्ति नहीं करनी चाहिये तथा यथासम्भव दूरी बनायी रखनी चाहिये।

त्रिकोण भावों–लग्न से पञ्चम और नवम भावों को मनुष्य के सौभाग्य का कोषस्थान समझा जाना चाहिये। परन्तु सौभाग्यप्रद फल सुयोग बनने पर ही प्राप्त होता है। जब केन्द्र और त्रिकोण के स्वामियों का परस्पर सम्बन्ध बनता है तब सुयोग का निर्माण होता है। इस सुयोग का विशेष फल इन सम्बन्धित केन्द्र-त्रिकोण के स्वामियों की महादशाओं में प्राप्त होता है। सम्बंध इन रूपों में बन सकते हैं–

(i) केन्द्र और त्रिकोण के स्वामी एक साथ एक राशि में हों,

(ii) एक केन्द्र के स्वामी ने किसी त्रिकोण के स्वामी से राशि परिवर्तन किया हो। अर्थात् किसी केन्द्रराशि का स्वामी त्रिकोण में बैठा हो तथा उस त्रिकोण का स्वामी उसी केन्द्र राशि में हो।

(iii) एक केन्द्र का स्त्रामी किसी त्रिकोण में, अथवा किसी त्रिकोण का स्वामी किसी केन्द्र राशि में बैठा हो। यह उतना प्रबल सुयोग नहीं है जितना प्रथम दो योग।

भाव-स्वामित्व के आधार पर ग्रहों की शुभाशुभता ज्ञात करने के लिये जातक या व्यक्ति की जन्म-कुण्डली का विश्लेषण करना आवश्यक हो जाता है, क्योंकि जहां एक ही ग्रह त्रिक और त्रिकोण दोनों भावों का स्वामी होता है वहां उस ग्रह की स्थिति के अनुसार ही उसकी शुभता या अशुभफलता का ज्ञान हो पाता है। जैसे मेषलग्न में बृहस्पति, मिथुन लग्न में शनि, इत्यादि एक साथ त्रिक व त्रिकोण दोनों भावों के स्वामी हैं। ऐसी स्थिति में यदि ग्रह अपनी त्रिकोण वाली राशि में स्वराशिस्थ हो तो वह शुभफल देने वाला ग्रह माना जायेगा, यदि त्रिक वाली राशि में स्वराशिस्थ हो तो वह मुख्यतः अशुभफल देने वाला ग्रह माना जायेगा। यहां अशुभता आत्मिक, धार्मिक, नैतिक आदि रूपों में होगी, परन्तु ग्रह के स्वराशिस्थ होने के कारण सांसारिक उन्नति सम्भव रहेगी।

ग्रह यदि मित्र भावों (प्रथम, तृतीय, पञ्चम, सप्तम, नवम, एकादश) में हो तो भी उसे स्थानवशात् अनुकूलता या शुभता की प्राप्ति होती है।

द्वादश भावों से विचारणीय बातें: (The matters or things to be decided by twelve houses)

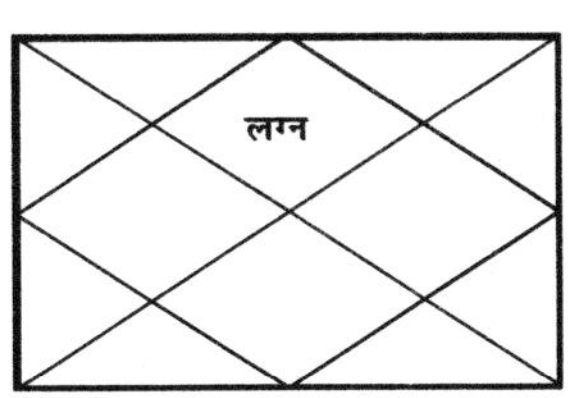

प्रथम भाव (First house or Ascendant) : यह लग्न भाव है। जन्मकुण्डली में सबसे ऊपर व मध्य में इस भाव की स्थिति होती है। यहीं से भावों की गणना का आरम्भ होता है। जिस लग्न की

कुण्डली होती है, उस लग्नराशि का सूचक अंक इस भाव में लिखते हैं। तत्पश्चात् बढ़ते क्रम में अन्य राशियों के सूचक अंक अन्य भावों में लिखे जाते हैं। जैसे यदि किसी की सिंहलग्न की जन्मकुण्डली हो, तो लग्न भाव में सिंह राशि का सूचक अंक 5 लिखा जायेगा, तत्पश्चात् बढ़ते क्रम में अन्य राशियों के सूचक अंक लिखे जायेंगे। इस भाव से मनुष्य के सम्पूर्ण व्यक्तित्व का आकलन किया जाता है। शरीर की सम्पूर्ण स्थिति-वर्ण, चिह्न, न्यूनता या विशेषता आदि तथा जन्म-स्थान, जाति, सिर आदि का भी विचार किया जाता है। मनुष्य की स्वाभाविक प्रवृत्ति, स्वभाव तथा शारीरिक गठन आदि मुख्यतः जन्मलग्न से ही निर्धारित किये जाते हैं। लग्न वर्तमान जन्म का सूचक होता है।

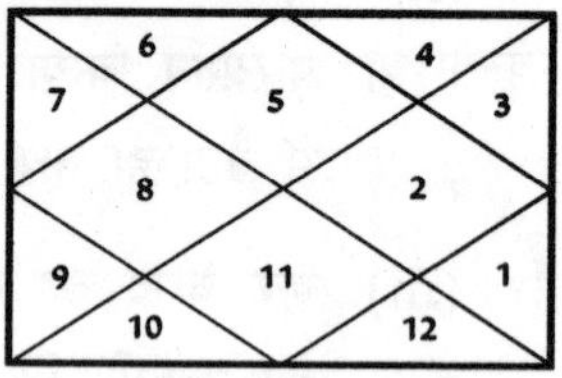

द्वितीय भाव (Second House) : धन, परिवार, मुखड़ा, वाणी, पड़ोस-पड़ोसी, धन-संचय, भोजन, आंख, गायन व भाषण कला, संगति आदि।

तृतीय भाव (Third House) : छोटे भाई-बहन, गुण, उन्नति, लोगों का प्रभाव मानना आदि।

चतुर्थ भाव (Fourth House) : जल, भूमि, मन, माता, हृदय, वाहन, गृह, सुख, जनसामान्य, जनमत, पाताल (नीचे की दिशा) आदि।

पञ्चम भाव (Fifth House) : विद्या, सन्तान, बुद्धि, विवेक, उदर, भविष्य, अगला जन्म, दूरदृष्टि, शिष्य आदि।

षष्ठ भाव (Sixth House) : रोग, शत्रु, ऋण, बन्धन, व्रण-फोड़ा/चोट, विवाद, युद्ध, बाधा, आन्तरिक शत्रु, तिरस्कार, दास, चोर, चोरी आदि।

सप्तम भाव (Seventh House) : पत्नी/पति, मार्ग, यात्रा, व्यवसाय, व्यावसायिक सहकारी या सहयोगी, सम्भोग, कामभावना, प्रेमी/प्रेमिका, लक्ष्य की ओर उन्नति, जीवनमार्ग आदि।

अष्टम भाव (Eighth House) : अस्तित्वनाश - मृत्यु। भ्रम, घोर अपमान, पराजय, पाप-प्रवृत्ति, भूखनाश, मार्ग भटक जाना, स्वभाव की न्यूनता या आत्मदोष, बन्धन, विक्षिप्तता आदि।

नवम भाव (Ninth House) : धर्म, भाग्य, पुण्य, ज्ञान, पिछला जन्म, ईश्वर, पूर्वज, धार्मिक स्थान, मंदिर, धार्मिक व्यक्ति, गुरु आदि।

दशम भाव (Tenth House) : पिता, कर्म, सम्मान, पद, समाज, संसार, उच्चाधिकारी/ पुलिस/शासक की कृपा/कोप, आकाश (ऊपर की दिशा) आदि।

एकादश भाव (Eleventh House) : लाभ, आय, बड़ा भाई या बहन, समर्थन, समर्थक, सुरक्षा आदि।

द्वादश भाव (Twelfth House) : व्यय, क्षय, हानि, पतन, कारावास, विरोध व विरोधी, ऋण, उपहास/तिरस्कार, दूर के स्थान, निद्रा, स्वप्न, दु:ख आदि।

जिस भाव से जैसा शुभ या अशुभ फल प्राप्त होता है उसके स्वामी को भी वैसा ही फलप्रद समझना चाहिये।

जिन ग्रहों की दो राशियाँ होती हैं, उनमें से एक राशि उस ग्रह की मुख्य राशि तथा दूसरी साधारण राशि होती है। ग्रह की स्वाभाविक प्रवृत्ति अपनी मुख्य राशि का अधिक फल करने की होती है, तथा साधारण राशि का फल न्यून करती है।

ग्रह (Planet)	मुख्य (मूलत्रिकोण) राशि (Privileged sign)	साधारण राशि (Common Sign)
सूर्य	सिंह	–
चन्द्र	कर्क	–
मंगल	मेष	वृश्चिक
बुध	मिथुन	कन्या
बृहस्पति	धनु	मीन
शुक्र	तुला	वृष
शनि	मकर	कुम्भ

अन्धानुकरण में लोगों ने बुध की मुख्य राशि कन्या माना है। सम्भवत: इस कारण से कि सूर्य, मंगल और बृहस्पति पुरुष ग्रह हैं, चन्द्र, शुक्र और शनि को स्त्री ग्रह माना गया है, तथा बुध नपुंसक या उभयलिंगी ग्रह माना गया है, जिस कारण से बुध की मुख्य राशि कन्या में कल्पित की गयी। परन्तु ऐसा नहीं है। बुध के लग्नवाले नपुंसक नहीं, पर्याप्त सभ्य भी पाये जाते हैं। और ऐसे में तो सभी स्त्री ग्रहों की भी मुख्य राशि उनकी स्त्री राशि होनी चाहिये थी, जबकि सभी स्त्री ग्रहों की भी मुख्य राशि उनकी पुरुष या विषमांकीय राशि है। अत: बुध की भी मुख्य राशि मिथुन ही है – यही अनुभव में सत्य भी पाया गया है। विषम राशियों में अधिक बल होता है, अधिक प्रकाश होता है, ग्रहों के मुख्य गुण भी वहीं प्रकट होते हैं। मिथुन लग्नवालों का शारीरिक गठन भी कन्या लग्नवालों की तुलना में प्राय: अधिक बली होता है। इसी प्रकार प्राय: सभी विषमांकीय या पुरुष लग्नवालों का शारीरिक गठन समांकीय या स्त्री लग्न वालों की तुलना में अधिक बली व कसा हुआ होता है। इस कथन के विरुद्ध उदाहरण मिल सकते हैं, परन्तु इससे इस तथ्य की क्षति नहीं समझी जानी चाहिये।

यह प्राकृतिक ऐसी रचना है कि विषमांकीय लग्नवालों का स्वभाव तुलना में अधिक दृढ़ और कड़ा होता है, समांकीय लग्नवालों का स्वभाव

तुलना में अधिक कोमल व सांसारिक आसक्ति से पूर्ण होता है। परन्तु यह तो अब केवल शोक की बात रह गयी है कि आज धर्म-अध्यात्म से संबंध तोड़ प्रायः सभी कथित सनातनधर्मी लोग केवल पशुवत् सांसारिक सुख प्राप्त्यर्थ प्रयासरत हैं - मर्यादा की सीमायें भी दिन-प्रतिदिन टूटती जा रही हैं। ऐसे में विषम लग्नवालों में चारित्रिक दृढ़ता व गुणवत्ता स्पष्टतया अनुभूत नहीं भी हो सकती हैं। हाँ, बली पशु व दुर्बल पशु का अन्तर दिख सकता है। समांकीय लग्नवालों में मात्र कर्कलग्नवालों का शारीरिक गठन व स्वभाव पुरुषलग्नवालों के समान भी होता है, क्योंकि चन्द्रमा की यही एकमात्र राशि और इस कारण से मुख्य या मूल त्रिकोण राशि है।

देव पक्ष (Goodies' Group)	**दैत्य पक्ष** (Satanic Group)
सूर्य, मंगल, बृहस्पति, (चन्द्र)	राहु, केतु, शनि, शुक्र, (बुध)

यहाँ देवपक्ष में चन्द्रमा, तथा दैत्यपक्ष में बुध को इस कारण से घेरा गया है क्योंकि चन्द्रमा दैत्यपक्षीय लग्नों (सूर्य की राशि सिंह के विरोधी लग्नों के सहित) से भी मित्रता रखता है, तथा बुध शुभ ग्रह होते हुए भी दैत्यपक्षीय लग्नों में त्रिकोणेश आदि के रूप में मित्रवत् पाया जाता है।

कुछ ग्रहों में परस्पर परम शत्रुता मानी गयी है -

(i) सूर्य और शनि

(ii) बुध और चन्द्रमा

(iii) राहु/केतु और सूर्य

तथापि दो लग्नवालों के परस्पर संबंध में भाव की प्रधानता होती है, राशि स्वामी की नहीं, अर्थात् सिंहलग्न और कुम्भलग्न के स्वामी क्रमशः सूर्य और शनि परस्पर परम शत्रु माने गये हैं, परन्तु इन दोनों लग्नवालों में परस्पर प्रेम, विवाह, मित्रता आदि सम्बन्ध शुभ व सुखद होते हैं, क्योंकि ये दोनों लग्न एक दूसरे से सप्तम भाव में पड़ते हैं।

ऐसा माना गया है कि सूर्य शनि का तथा चन्द्रमा बुध का पिता है। बृहस्पति को देवताओं का तथा शुक्र को दैत्यों का गुरु माना जाता है। पुनः

यह बात विशेष रूप से कही जाती है कि किसी नक्षत्र का स्वामी उस नक्षत्र के मूलांक को निर्धारित करने व महादशागणना के कार्य हेतु मात्र ही होता है, और उस नक्षत्रस्वामी ग्रह को उतने नक्षत्र क्षेत्र का वास्तविक स्वामी नहीं समझ लेना चाहिये, क्योंकि राशिचक्र के किसी भी भाग का वास्तविक स्वामी मात्र राशिवश ही निर्धारित किया गया है, जैसे मेष का मंगल और वृष का शुक्र इत्यादि। इसके अतिरिक्त यदि राशिचक्र के किसी भाग का स्वामी कोई और ग्रह बताया जाये तो वह उस विशेष कार्य की सिद्धि मात्र के लिये ही होता है। जैसे भरणी नक्षत्र का स्वामी शुक्र माना गया है – मात्र मूलांक ज्ञान व महादशा गणना के विशिष्ट कार्य के लिये। यहाँ शुक्र की दुर्बलता या बलवत्ता का भरणी नक्षत्र वाले राशिचक्र के भाग पर कोई प्रभाव नहीं पड़ेगा, क्योंकि भरणी नक्षत्र मेष राशि में है, और मेषराशि के स्वामी मंगल की दुर्बलता या सबलता से ही मेषराशि के बल पर प्रभाव पड़ेगा।* पुनः मुख्य राशि में ग्रह के शुभ गुण अधिक और दुर्गण न्यून होते हैं। इसके विपरीत साधारण राशि में ग्रह के दुर्गुण अधिक, सद्गुण न्यून होते हैं।

* इसके अतिरिक्त मेष राशि में बैठे ग्रह भी इस राशि के बल को प्रभावित करेंगे।

4. ग्रह दृष्टि
(Houses of Planetary Sight)

जिस प्रकार बहुत सारी मलिनताओं के मिश्रण के पश्चात् भी गंगा के पानी में न सड़ पाने का गुण अभी भी विद्यमान है, उसी प्रकार ज्योतिष शास्त्र में बहुत सारे अशुद्ध नियमों के मिल जाने के पश्चात् भी इसके फलित पक्ष की शक्ति जिस किसी भी अवस्था में विद्यमान है। ग्रहों की दृष्टि के सम्बन्ध में विचित्र भ्रान्ति फैली हुई है - एक ही समय में कई दिशाओं में देखने का। इस संबंध में वैदिक ज्योतिष ग्रन्थ 'जैमिनी सूत्र' का नियम उचित व सत्य जान पड़ता है कि सभी ग्रह राशि चक्र पर अपनी-अपनी गति से चलते हुए जिस राशि में वर्तमान में होते हैं वहाँ से चतुर्थ, सप्तम या दशम किसी एक राशि को देख रहे होते हैं, साथ ही उस राशि पर के ग्रह को भी देख रहे होते हैं। कौन-सा ग्रह किस भाव व वहाँ स्थित ग्रह को देख रहा है इसे जानने के लिये जन्मकालीन ग्रह की गति की जानकारी अनिवार्य है। सभी ग्रहों की दैनिक वर्तमान मध्यम गति (लगभग) इस प्रकार है: -

ग्रह	**दैनिक मध्यम गति**
सूर्य	0^0 59'
चन्द्र	13^0 11'
मंगल	0^0 31'
बुध	0^0 59'
बृहस्पति	0^0 05'
शुक्र	0^0 59'
शनि	0^0 02'
राहु/केतु	0^0 03'

नियमः*

(i) जब ग्रह अपनी मध्यम गति तक में चल रहा हो तो उसकी दृष्टि अपनी वर्तमान राशि से सप्तम राशि तथा वहाँ स्थित ग्रहों पर होती है।

(ii) जब ग्रह अपनी मध्यम गति से अधिक गति में चल रहा हो तो उसकी दृष्टि अपनी वर्तमान राशि से दशम राशि तथा वहाँ स्थित ग्रहों पर होती है।

(iii) जब ग्रह वक्र गति में चल रहा हो तो उसकी दृष्टि अपने वर्तमान स्थान या राशि से चतुर्थ राशि और वहाँ स्थित ग्रहों पर होती है।

उदाहरणस्वरूपः पृष्ठ 36 पर की जन्मकुण्डली देखें।

सूर्य मध्यम गति से न्यून गति पर है, यतः इसकी दृष्टि सप्तम राशि पर होगी। पुनः सूर्य वर्तमान में मेष राशि में है जिससे सप्तम तुला राशि पर उसकी दृष्टि मानी जायेगी।

इसी प्रकार चन्द्रमा की गति मध्यम गति से अधिक है, यतः उसकी दृष्टि अपने वर्तमान स्थान कुम्भराशि से दशम राशि वृश्चिक राशि पर होगी।

बृहस्पति वक्र गति में है, अर्थात् राशिचक्र पर आगे बढ़ने के स्थान पर पीछे की ओर गति कर रहा है, अतः इसकी दृष्टि अपनी वर्तमान अधिष्ठित राशि वृश्चिक से चतुर्थ कुम्भ राशि पर पड़ रही है। इस प्रकार चन्द्रमा और बृहस्पति के मध्य पारस्परिक दृष्टि का सम्बन्ध बन रहा है।

शुक्र अपनी मध्यम से अधिक गति में होने के कारण लग्न से अष्टम भाव में स्थित धनु राशि को देख रहा है।

---

* इस संबंध में फलदीपिका के ग्रहवेध से भी सहायता ली गयी है। सूर्य, बुध और शुक्र इन तीनों ग्रहों का मध्यम स्थान समान होता है, स्पष्ट स्थानों में अंतर उनके पृथक् मन्दोच्च, शीघ्रोच्च आदि के कारण होता है।

निम्नलिखित परिणाम देखें (उदाहरण कुण्डली का)-

द्रष्टा ग्रह (Viewer Planet)	**दृष्टि** (Sight)	**दृष्ट राशि** (Viewed sign)	**दृष्ट ग्रह** (Viewed Planet)
सूर्य	सप्तम	तुला	..
चन्द्र	दशम	वृश्चिक	बृहस्पति
मंगल	दशम	तुला	..
बुध	चतुर्थ	कर्क	केतु
बृहस्पति	चतुर्थ	कुम्भ	चन्द्र
शुक्र	दशम	धनु	..
शनि	दशम	मकर	मंगल, राहु
राहु/केतु	..	..	..

राहु/केतु सूर्य के क्रान्तिवृत्त अथवा राशिचक्र पर विपरीत दिशा में घूम रहे वे दो स्थान हैं जिसकी चन्द्रमा से संगति होने पर चन्द्रमा ठीक क्रान्तिवृत्त के समानान्तर तल पर ही होता है। राहु/केतु दो अन्धकार या तमस् के गोले समझे जा सकते हैं जो चन्द्रग्रहण और सूर्यग्रहण के सर्वप्रमुख कारण हैं। ये सदा एक समान गति से अन्य ग्रहों से विपरीत दिशा में चलते रहते हैं। अतः इनकी सप्तम दृष्टि मानने पर भी ये एक-दूसरे की वर्तमान राशि को ही प्रभावित करेंगे। अतः राहु/केतु के संबंध में इनकी स्थिति ही प्रमुख है, दृष्टि न मानना उचित जान पड़ता है।

दृष्टि का यह नियम सभी (सातों) ग्रहों पर एक समान रूप से व्यवहृत होता है। ग्रह एक बार में मात्र एक ही स्थान (राशि) को देख रहा होता है। यही यथार्थ ग्रहदृष्टि है जिसका वास्तव में फल प्राप्त होता है। वर्तमान में प्रचलित कूड़ा सम्भवतः वराहमिहिर के समय से यवनों या अरबादि देश के म्लेच्छों के भारतीय नियमों के विपरीत नियमों से प्रभावित होकर

प्रचलित हुआ होगा, ऐसा सन्देह जान पड़ता है। वास्तव में वराहमिहिर और उसके आसपास (सन् 400-500 ई. के आसपास) का समय ऐसा था जब हमारे ज्योतिष शास्त्र में बहुत सारे विदेशी शब्द और अशुद्ध नियम आदि मिश्रित कर दिये गये। बड़े आश्चर्य और साथ ही खेद की बात है कि उत्तरवर्ती ज्योतिर्विदों ने अधिकतर अन्ध-अनुकरण ही किया, जैसा कि उनके वर्तमान में उपलब्ध ग्रन्थों से व्यक्त होता है।

जहाँ तक ग्रहों की दृष्टि के पूर्ण, अर्ध आदि प्रभावों का प्रश्न है, यह ग्रह के बल पर निर्भर है। यदि ग्रह उच्चादि राशियों में बली हो तो उसकी दृष्टि का पूर्ण प्रभाव पड़ता है, मध्यम बली रहने पर मध्यम फल, तथा नीचादि राशियों में बलहीन होने पर उसके देखने का शुभ फल क्या मिलेगा, कुछ अशुभ ही प्राप्त हो सकता है।

ग्रह (Planet)	**उच्च राशि** (Sign of Exaltation)	**नीच राशि** (Sign of debility or bondage)
सूर्य	मेष (10^0)	तुला
चन्द्र	वृष (3^0)	वृश्चिक
मंगल	मकर (28^0)	कर्क
बुध	कन्या (15^0)	मीन
बृहस्पति	कर्क (5^0)	मकर
शुक्र	मीन (27^0)	कन्या
शनि	तुला (20^0)	मेष

जिन राशियों में ग्रहों का उच्च स्थान माना गया है उससे ठीक सातवीं राशि में उस ग्रह का नीच स्थान माना गया है। यद्यपि ग्रह उस पूरी राशि में उच्च का माना जाता है तथापि दिये गये अंशों तक उच्चता का विशेष प्रभाव माना जाता है। इसी प्रकार नीच राशि में भी इतने ही अंशों तक

विशेष नीच का माना जाता है। यद्यपि ये उच्च - नीच स्थान भी चल जान पड़ते हैं तथापि फलित ग्रंथों में गणित का कार्य जान छोड़ दिया गया, तथा गणित ग्रन्थों में इसे फलित का विषय जान नहीं लिया गया। चूँकि इन उच्च स्थानों की गति अत्यन्त मन्द होने का अनुमान है, अतः ये केवल राशि/अंश देकर छोड़ दिये गये।*

---

* प्रभु राम के जन्म के समय का विवरण देखें। अध्यात्म रामायण में जन्म के समय सूर्यादि पाँच ग्रहों के उच्च में, चैत्र शुक्ल नवमी, मंगलवार, मध्याह्न काल, कर्क लग्न, अदिति दैवत्य नक्षत्र में जन्म कहा गया है। इस नक्षत्र को लोगों ने पुनर्वसु नक्षत्र और कर्क राशिस्थ चतुर्थ चरण माना है। सूर्य के मेष में रहते ऐसा संयोग असम्भव है। सूर्य के मीन राशि में रहते ऐसा संयोग संभव हो सकता है।

5. विंशोत्तरी महादशा
(Vinshottari Mahaadashaa)

एक सौ बीस वर्षमान की नौ ग्रहों की महादशा विंशोत्तरी महादशा कहलाती है। जैसा की सत्ताइस नक्षत्रों एवं उसके स्वामी ग्रहों का विवरण दिया जा चुका है, जन्म के समय चन्द्रमा जिस नक्षत्र में हो उसी नक्षत्रेश ग्रह की महादशा में जन्म होता है। जिस ग्रह की जितने वर्ष की महादशा का मान होता है वह चन्द्रमा के उस नक्षत्र के आरम्भ में रहने पर होता है, तथा चन्द्रमा के उस नक्षत्र के अन्त में रहने पर शून्य वर्ष का मान होता है। बीच में यह अनुपात कर गणना की जानी चाहिये कि कितना दशावर्ष बीत गया तथा कितना शिष्ट है।

मूलांक (Basic Number)	**स्वामी ग्रह** (Lord Planet)	**नक्षत्र** (Constellations)	**दशावर्ष** (Tenure of effect in years)
1	केतु	अश्विनी, मघा, मूल	7
2	शुक्र	भरणी, पू.फा., पू.आ.	20
3	सूर्य	कृत्तिका, उ.फा.,उ.आ.	6
4	चन्द्र	रोहिणी, हस्त, श्रवण	10
5	मंगल	मृग., चित्रा, धनिष्ठा	7
6	राहु	आर्द्रा, स्वाति, शतभिषा	18
7	बृहस्पति	पुन., विशाखा, पू.भा.	16
8	शनि	पुष्य., अनुराधा, उ.भा.	19
9	बुध	आश्ले., ज्येष्ठा, रेवती	17
		कुल	**120 वर्ष**

उदाहरण कुण्डली (पृष्ठ सं. 36 पर) में जन्म पूर्वा भाद्रपदा नक्षत्र के तृतीय चरण में हुआ है। चन्द्रमा का स्पष्ट स्थान है $10/27^0/17'$ (सूर्यसिद्धान्तीय)।

राशि चक्र पर पूर्वा भाद्रपदा नक्षत्र का स्थान है $10/20^0/00'$ से $11/03^0/20'$ तक। अतः यहाँ चन्द्रमा पूर्वा भाद्रपदा नक्षत्र में $7^0/17'$ आगे बढ़ चुका है। इस नक्षत्र का मूलांक है 7. इससे यह स्पष्ट है कि जन्म बृहस्पति की महादशा में हुआ है जिसकी कुल दशा का मान 16 वर्ष है। अतः जन्म के समय दशा के बीते वर्षादि

$$=\frac{7^0 17'}{13^0 20'} x 16 \qquad = \frac{437'}{800'} x\ 16 = 8 \text{ वर्ष } 8 \text{ मास } 26 \text{ दिन}$$

अतः शिष्ट भोग्य दशावर्ष = 16 वर्ष - 8 वर्ष 8 मास 26 दिन

= 7 वर्ष 3 मास 4 दिन।

इसे जन्म दिनांक में जोड़ दिया गया -

	22	04	1971	ई. जन्म
+	04	03	07	
	26	07	1978	ई. तक बृहस्पति की महादशा
+			19	
	26	07	1997	ई. तक शनि की महादशा
+			17	
	26	07	2014	ई. तक बुध की महादशा
+			07	
	26	07	2021	ई. तक केतु की महादशा

इसी प्रकार आगे भी जोड़ते जायें। मूलांकों के स्वामी के क्रम से महादशा का क्रम आगे बढ़ता जाता है। पुनः इन महादशाओं को भी नवग्रहों की अन्तर्दशाओं में बाँटा जाता है। जिस ग्रह की महादशा होती है उसी की प्रथम अन्तर्दशा भी होती है, तथा तत्पश्चात् अन्तर्दशाओं में बाँटा जाता है। जिस ग्रह की महादशा होती है उसी की प्रथम अन्तर्दशा भी होती है, तथा

तत्पश्चात् अन्तर्दशायें मूलांकस्वामिक्रम से ही होती हैं। 120 वर्ष में जिस अनुपात से किसी ग्रह का कुल दशावर्ष होता है, उसी अनुपात से उस ग्रह का किसी महादशा या अन्तर्दशा में अपना भोगकाल होता है। जैसे सूर्य की महादशा होती है कुल 6 वर्षों की, जो 120 वर्ष का बीसवाँ भाग है। अत: किसी ग्रह की महादशा में सूर्य की अन्तर्दशा का काल महादशावर्ष का बीसवाँ भाग होगा, अर्थात् चन्द्रमा की महादशा (10 वर्ष) में सूर्य की अन्तर्दशा का समय 10 वर्ष का बीसवाँ भाग = 6 मास होगा। इसी प्रकार शनि की महादशा (19 वर्ष) में सूर्य की अन्तर्दशा 19 वर्ष का 20वाँ भाग $= \frac{19}{20}$ वर्ष $= \frac{19}{20} \times 12$ मास $= 11.4 = 11$ मास 12 दिन होगा।

किसी भी महादशा में किसी भी ग्रह की अन्तर्दशा निकालने का एक सरलतर उपाय बताया जाता है। इसके लिये प्रत्येक ग्रह का दशावर्ष स्मृत होना आवश्यक है। जिस ग्रह की दशा में जिस ग्रह की अन्तर्दशा निकालनी हो, उन दोनों ग्रहों के दशावर्षों का परस्पर गुणन करें। गुणनफल के अन्तिम अंक को 3 से गुणित करें, यह गुणनफल जो दिनों का मान होगा, तथा उस अन्तिम अंक के पूर्व के सभी अंक मास होंगे। जैसे शनि की महादशा में बुध की अन्तर्दशा का मान ज्ञात करें –

= 19 × 17

= 323

= 32 मास तथा 3 × 3 = 9 दिन।

= 2 वर्ष 8 मास 9 दिन।

इसी प्रकार केतु की महादशा में मंगल की अन्तर्दशा का मान।

= 7 × 7

= 49

= 4 मास तथा 9 × 3 = 27 दिन। इत्यादि

वस्तुतः दशा-अन्तर्दशा आदि के मान सूर्य के स्पष्ट स्थान में जोड़े जाते हैं, परन्तु प्रचलन में अंग्रेजी दिनांकों के होने के कारण सरलता के लिये सीधे अंग्रेजी दिनांकों में ही जोड़कर दिखा दिये जाते हैं। इससे कुछ नहीं अन्तर से लेकर चार-पांच दिनों तक का अन्तर आ जा सकता है, तथापि अन्तिम दशा-अन्तर्दशा योग समान ही आयेगा।

इन अन्तर्दशाओं में भी नौ ग्रहों की प्रत्यन्तर्दशायें होती हैं, तथा प्रत्यन्तर्दशा में भी नवग्रहों की सूक्ष्म दशा, तथा प्रत्येक सूक्ष्मदशा में भी नव ग्रहों की प्राणदशा होती है। परन्तु इतनी सूक्ष्म गणना के लिये यह आवश्यक है कि हमें चन्द्रमा का स्पष्ट स्थान अत्यन्त सूक्ष्मता के साथ शुद्ध ज्ञात हो। जितने भी प्रकार के सिद्धान्त ग्रन्थ या ग्रहगणना के ग्रन्थ हैं उन सबमें भिन्नता है, और इसी कारण से एक ही समय का ग्रहस्पष्ट अर्थात् ग्रहों का स्पष्ट स्थान विभिन्न पञ्चांगों के अनुसार पृथक्-पृथक् है। जिसके फलस्वरूप दशाकाल में कुछ भी अन्तर न होने से लेकर तीन-साढ़े तीन वर्षों तक का अन्तर आ जाता है। ऐसी स्थिति में यहाँ अन्तर्दशा, और कभी-कभी महादशा तक का तो ज्ञान रहता नहीं कि वास्तव में कौन सी महादशा या अन्तर्दशा चल रही है, और आप बात करते हो प्रत्यन्तर्दशा, सूक्ष्मदशा और प्राणदशा तक की। ज्योतिष का साधारण भी अध्येता यह बात सरलता से समझ सकता है कि ग्रह एक समय में एक ही स्थान पर हो सकता है, अर्थात् कोई एक ही पञ्चांग सत्य या यथार्थ ग्रहस्पष्ट स्थान बता रहा है, शिष्ट अभी अशुद्ध हैं। और यह भी संभव है कि कोई भी पञ्चांग पूर्ण सत्यता न पकड़ पा रहा हो। और यही कारण है कि वास्तव में कौन-सी दशा चल रही है इस अन्वेषण में अनेक दशायें - अष्टोत्तरी, भ्रामरी, योगिनी, चर आदि उभरकर सामने आयीं। परन्तु यथार्थ दशाफल हमें विंशोत्तरी महादशा से ही प्राप्य है। इसके लिये हमें चन्द्रमा का शुद्ध या वास्तविक स्पष्ट स्थान जानना होगा।

अनुभव यह प्रमाणित रूप से सिद्ध करता है कि सूर्यसिद्धान्त के आधार पर प्रायः IST को मध्य रेखा मान जो चन्द्रमा के स्पष्ट स्थान का साधन किया गया है वह चन्द्रमा का प्रायः वास्तविक स्थान बताता है। काशी (वाराणसी) से प्रकाशित 'हृषीकेश पञ्चांग' का चन्द्रस्पष्ट इसके निकट है।

अतः मात्र चन्द्रमा के लिये या तो सीधे सूर्यसिद्धान्त से गणना करें अथवा हृषीकेश पञ्चांग का अवलोकन करें। वर्तमान सभी जीवित मनुष्यों एवं आगे भी कुछ वर्षों के लिये चन्द्रमा का स्पष्ट स्थान शुद्ध रूप में इस प्रकार ज्ञात किया जा सकता है। यह गणना कब तक शुद्ध फल देगी, यह निश्चित रूप से कहा नहीं जा सकता क्योंकि ग्रहों की गति में अपने-अपने समय के अनुसार अन्तर आता रहता है जिसे प्रत्यक्ष वेध द्वारा सुधारना पड़ता है।

जहाँ तक अन्य ग्रहों के स्पष्ट स्थान की बात है, वर्तमान आधुनिक गणना, जो कि केतकरीय गणना - N.C. Lahiri's Ephemeris के अनुसार है, के अनुसार साधे गये ग्रहस्पष्ट व्यवहार में लिये जा सकते हैं, परन्तु चन्द्रमा नहीं। पृष्ठ 36 पर की उदाहरणकुण्डली देखें। मंगल मात्र 14 कला से मकर राशि में प्रविष्ट है लाहिरी के अनुसार, जबकि सूर्यसिद्धान्तीय यह लगभग 27^0 पर धनु में है। अपना अनुभव मंगल के मकर में होने का समर्थन करता है। बी.वी. रमण की गणना तो इस सम्बन्ध में पूर्णतया असत्य सिद्ध होती है। रमण ने वस्तुतः अपनी कोई नयी गणना न कर केतकरीय (लाहिरी) गणना में ही कुछ घटा-बढ़ाकर अपना पृथक् पञ्चांग प्रस्तुत कर दिया जो ज्योतिष जगत् में भटक रहे लोगों को और भी अधिक भटका देने वाला है। रमण ने लाहिरीगणना से अयनांश के सम्बन्ध में अपना मतभेद रखा, और जितना अन्तर अभीष्ट समझा उतना समान रूप में प्रत्येक ग्रह में जोड़ दिया। इससे उदाहरण कुण्डली का शनि मेष के अन्त के स्थान पर वृष राशि के आरम्भ में चला जाता है। जबकि शनि योगकारक व आत्मकारक ग्रह के रूप में केन्द्रेश सूर्य व त्रिकोणेश बुध से योग न बना रहा होता तो, भले ही अत्यन्त दुःखपूर्वक, आज इस जातक को न तो ज्योतिष, न संस्कृत और न ही अद्वैत दर्शन का ज्ञान होता, और यह अधिकतर नास्तिक होता। रमण की ग्रहगणना इस कारण से भी शुद्ध नहीं जान पड़ती है कि इसके अनुसार मकरसंक्रान्ति वर्तमान प्रचलित 14 जनवरी के स्थान पर अधिकतर 12 जनवरी को ही हो जाती है, और इसी प्रकार वृश्चिक संक्रान्ति समय से पूर्व दिखा नेहरू की कुण्डली में

सूर्य को वृश्चिक में प्रविष्ट दिखाया जबकि वह वास्तव में तुला के अन्तिम अंशों में है।*

इस प्रकार लाहिरी के पञ्चांग को भिन्न अन्य ज्ञात पञ्चागों की तुलना में शुद्धतर पा रहा हूँ, परन्तु चन्द्रमा के सम्बन्ध में नहीं।** पृष्ठ सं. 36 की उदाहरण कुण्डली में सूर्यसिद्धान्त के अनुसार चन्द्रमा का स्पष्ट स्थान है $10/27^0/17'$ जबकि लाहिरी के अनुसार चन्द्रस्पष्ट है $10/25^0/07'$. यहाँ दो अंशों से भी अधिक का अन्तर है जिससे जन्मकालीन बृहस्पति की भोग्य दशा लगभग ढाई वर्ष बढ़ जाती है। परन्तु अनुभव, प्रत्येक वर्ष का – प्रत्येक अन्तर्दशा–प्रत्येक प्रत्यन्तर्दशा का यही बताता है कि सूर्यसिद्धान्तीय चन्द्रस्पष्ट से निर्गत दशा–अन्तर्दशा आदि वास्तव में फल दे रही है, और विंशोत्तरी महादशा का ही फल स्पष्ट रूप से अनुभूत हो रहा है इसमें भी कोई सन्देह नहीं है। परन्तु यहाँ यह शंका होती है कि यदि चन्द्रमा सूर्य–सिद्धान्तीय यथार्थ है तो अन्य ग्रह क्यों नहीं, तथा यदि अन्य ग्रह लाहिरी के अधिक शुद्ध जान पड़ रहे हैं तो चन्द्रमा क्यों नहीं! इस बात को आगे स्पष्ट किया जा रहा है।***

---

* Notable Horoscopes by B.V. Raman

** चन्द्रमा के अतिरिक्त, शुक्र का शीघ्रोच्च केतकरीय गणना से सूर्यसिद्धान्त की तुलना में ठीक विपरीत दिशा में गति कर रहा है तथा बहुत अन्तर पर है। ऐसे में लाहिरी के शुक्र का [illegible] सन्देह [illegible]

***खेद की बात है कि भारतीय खगोलविज्ञान के आगे के अध्याय विभिन्न विवशताओं से हटा दिये गये हैं।

6. पाश्चात्य अंकशास्त्र का खण्डन और भारतीय अंकविज्ञान की स्थापना

Falsification of the Western Numerology, and Establishment of the Real Numerology)

पाश्चात्य बुद्धि ने दृश्यमान जगत् की सुख-सुविधाओं के दृष्टिकोण से अनेक आविष्कार किये, परन्तु उन भौतिक आविष्कारों की अहंकारात्मिका काली छाया अमूर्त एवम् अदृश्य भावात्मक तथ्यों पर उनके प्रतिपादनों द्वारा पड़ी, जिससे आज भी सम्पूर्ण जगत् अज्ञानता को प्राप्त है। आज कैमरे, मोबाइल, टी.वी., कम्प्यूटर्स आदि विभिन्न आविष्कार लोगों की आँखों को चकाचौंध कर रहे हैं, जिस कारण से उन्हें इनके काले पक्ष के रूप में प्रतिपादित पृथ्वी की दैनिक गति, पृथ्वी आदि ग्रहों की सूर्य-परिक्रमा*, सायन ग्रहस्पष्ट आदि के साथ-साथ एक ऐसा प्रतिपादन, जो एक सम्पूर्ण शास्त्र के रूप में अकेला ही पूरे विश्व को भ्रमित कर रहा है, वह 'पाश्चात्य अंकशास्त्र', नहीं दिख रहे हैं असत्य के रूप में।

जब भी ग्रहों के माध्यम से किसी प्रकार का फल-प्रतिपादन किया जाये तो उसका आधार भी ज्योतिषीय ही होना चाहिये, परन्तु पाश्चात्य अंकशास्त्र इस प्रकार की सभी अनिवार्यताओं की धज्जी उड़ाता हुआ मानो यूरोपीय साम्राज्यवादी प्रवृत्ति व व्यवहार को इस सैद्धांतिक नियम-प्रतिपादन के रूप में अभिव्यक्त करता हुआ आज भी समस्त विश्व पर शासन करता व लोगों को भ्रमित करता हुआ ज्ञान को पीड़ित कर रहा है। यद्यपि सूर्यकेन्द्रित ग्रह परिक्रमा आदि के सिद्धान्त इससे भी बड़े अज्ञानान्धकार-प्रसारक स्रोत हैं, परन्तु इन्होंने खगोलविज्ञान के आधे भाग पर अपने अज्ञानान्धकार से प्रहार कर डाला है, जबकि पाश्चात्य अंकशास्त्र के रूप में पूरा का पूरा

---

*कोपरनिक्स, गैलीलियो, केपलर आदि ने 17वीं शताब्दी तक में जब इन सिद्धान्तों का प्रतिपादन किया था तब वायुयान आदि न होने के कारण ये सभी बातें तब अमूर्त व अदृश्य ही थीं, और उनके सिद्धान्त तब मनमानी कल्पना थे, और आज भी ये भ्रान्ति से ग्रस्त हैं, कैसे? इसके लिये मेरी आगे प्रकाशित होनेवाली पुस्तक 'भारतीय खगोलविज्ञान' पढ़ें।

अंकविज्ञान अन्धकारग्रस्त है। पाश्चात्य अंकशास्त्र ने विभिन्न मनुष्यों के संबंध में फलकथन करने के लिये अंग्रेजी दिनांकों को आधार बनाया है। और अंग्रेजी कैलेण्डर की स्थिति यह है कि इसके निर्माण में ज्योतिषीय कोई आधार नहीं है तथा कैलेण्डर का सम्पूर्ण गठन मनमाने आधार पर है।

आज प्रायः सम्पूर्ण संसार में प्रचलित पाश्चात्य अंकशास्त्र सम्भवतः कीरो आदि के द्वारा प्रवर्तित है। यह कितना ज्योतिषीय आधार-रहित, अवैज्ञानिक व फलप्रतिपादन के दृष्टिकोण से असत्य है, तथा लोगों को मूर्ख बना उनसे धन ऐंठने का साधनमात्र है यह बात मेरे आगे दिये जानेवाले तथ्य-विवरणों से स्पष्ट होता है। सर्वप्रथम वर्तमान प्रचलित अंग्रेजी कैलेण्डर का इतिहास जानें। इसके लिये या तो इसके संबंध में लिखी गयी कोई उपयुक्त व प्रामाणिक पुस्तक हो, अथवा इण्टरनेट की सहायता लें। www.google.com पर history of the calendar सर्च करें। अनेक वेबसाइट्स मिलेंगे जहाँ इससे सम्बद्ध जानकारियाँ प्राप्त की जा सकती हैं। इस प्रकार प्राप्त कुछ जानकारियाँ इस प्रकार हैं* :-

(1) ज्ञात सबसे प्राचीन यूरोपीय कैलेण्डर सम्भवतः ग्रीक लोगों के पास था।

(2) उसकी सहायता से रोम के लोगों ने अपना कैलेण्डर बनाया।

(3) प्रारंभिक रोमन कैलेण्डर में मात्र 304 दिन और दस मास थे

(i.) Martius (ii) Aprilis (iii) Mains (iv) Junius
(v) Quintilis (vi) Sextilis (vii) September (viii) October
(ix) November (x) December

इनमें पञ्चम से दशम मास तक के नाम क्रमशः पाँच से दस तक की संख्याओं के नामों से बने हैं।

(4) सन् 700 B.C.E. में रोमन शासक न्यूमा पोम्पिलिस ने दिसम्बर और मार्च के मध्य में फरवरी और जनवरी नाम के दो नये मास

---

* www.infoplease.com;www.webexhibits.org/calendars; www.webexhibits.org-christian calendar. www.rootsweb.com and please go through some other relevant websites also.

सम्मिलित किये। इस समय 1 मार्च से नव वर्ष का आरम्भ होता था। इस प्रकार एक वर्ष में अब 355 दिन थे।

(5) 450 B.C.E. में फरवरी को जनवरी और मार्च के मध्य में रखा गया।

(6) समय-समय पर कैलेण्डर-वर्षमान को सौर-वर्षमान से मिलाने हेतु कभी अलग-अलग वर्षों के अलग-अलग वर्षमान रखे गये, तो कभी कुल वर्षमान में परिवर्तन किये गये, तो कभी किसी-किसी मास के मान में परिवर्तन किये जाते रहे।

(7) सन् 45 B.C.E. में राजा जूलियस सीजर ने भी कैलेण्डर सुधार किया। इसके संबन्ध में ऐसा कहा जाता है कि "जूलियस सीजर ने सभी विषम अंकीय मासों को 31 दिनों का रखा, तथा सभी सम अंकीय मासों को 30 दिनों का रखा। इसमें फरवरी केवल लीप वर्ष में 30 दिनों का था अन्यथा 29 दिनों का। सन् 44 B.C.E. में जूलियस सीजर के सम्मान में मास 'Quintilis' का नाम परिवर्तित कर जूलियस (जुलायी) रखा गया। सन् 8 B.C.E. में मास 'Sextilis' का नाम राजा औगष्टस के सम्मान में परिवर्तित कर 'औगष्टस' रखा गया। औगष्टस चाहता था कि उसके नाम पर रखा गया मास 31 दिनों का हो। इसके लिये उसने फरवरी से 1 दिन निकाल लिया तथा कुछ अन्य परिवर्तन कर अगस्त को 31 दिनों का कर दिया।"

(8) इसी प्रकार इसके आगे के वर्षों में भी परिवर्तन होते रहे हैं।

यह कैलेण्डर का इतिहास सत्य हो, अर्धसत्य हो, या मिथ्या, वर्तमान प्रसंग का इससे साक्षात् सम्बन्ध नहीं है, क्योंकि कैलेण्डर का ज्योतिषीय आधार पर निर्मित न होना ही उसके ज्योतिषीय फलप्रदत्व की मिथ्यात्व-सिद्धि के लिये पर्याप्त प्रमाण है। ज्योतिषीय प्रभावों की आशा वहीं करनी चाहिये जहाँ नियम या सिद्धान्त ज्योतिषीय आधार पर निर्मित हों। और इससे भी अधिक महत्त्वपूर्ण बात यह है कि जहां निर्माण मनुष्यों द्वारा किया जाता है, और उस निर्माण से पूर्व उन वस्तुओं का वहाँ अभाव

होता है, वहाँ मनुष्यों के द्वारा किये गये परिवर्तन से, यदि कोई ग्रहफल होता हो तो उसमें भी तदनुसार परिवर्तन माना जा सकता है, परन्तु जो बातें प्रायः शाश्वत हैं, मनुष्यों के द्वारा व्यक्तिगत निर्माण की जहाँ कोई आशा नहीं की जाती, वहाँ उस शाश्वत नियमव्यवस्था के समानान्तर यदि कोई मनुष्य-समुदाय एक मनमाना या कृत्रिम नियम व्यवस्था रच ले, तो इससे ग्रहफल इस कृत्रिम व्यवस्था के अनुसार मिलना आरब्ध न होगा, अपितु जो शाश्वत नियमव्यवस्था है उसी के अनुसार फल मिलता रहेगा। अर्थात् कैलेण्डर का निर्माण मनुष्यों को करने की आवश्यकता ही नहीं है, केवल उस शाश्वत नियमव्यवस्था को जानने की, एवम् जानकर अपने प्रयोग में लाने की आवश्यकता है। जिस प्रकार किस युग में, किस वर्ष में, किस मास, दिन, किस समय ग्रह आकाश में राशिचक्र में कहाँ पर होंगे, यह सब पूर्व-निर्धारित है, उसी प्रकार कैलेण्डर भी सभी समय के लिये पूर्वनिर्धारित है, या यूँ कहें कि सर्वप्रथम कैलेण्डर की संरचना बनी जिसके अनुसार ग्रहों का संचरण अपनी-अपनी गति में आरब्ध हुआ।

इससे यह तो स्पष्ट है कि मात्र भारतीय अंकविज्ञान ही ज्योतिषीय दृष्टिकोण से फलप्रद है, परन्तु इसका विस्तृत विवरण देने से पूर्व पाश्चात्य अंकशास्त्र की अत्यधिक दोषयुक्तता को समक्ष रखना उचित होगा, क्योंकि आश्चर्य है कि इतने स्पष्ट दोषों के पश्चात् भी इसमें विश्वास करने वालों को इसकी वैज्ञानिकता पर सन्देह नहीं हुआ। यह तो यही लगता है कि बलवान् सत्य-असत्य जो कुछ भी बोले वह सब सत्य ही माना जाता है, तथा दुर्बल की सच्ची बातें भी महत्त्व नहीं रखती।

(i) प्रथम बात यह है कि आज के दिन पर यदि किसी मूलांकस्वामी ग्रह का प्रभाव है तो एक समय में वह कोई एक ही ग्रह होगा। यदि विभिन्न देशों एवं धार्मिक मतों के कैलेण्डर के अनुसार आज के दिन का मूलांक देखा जाये तो नौ के नौ मूलांक आज व प्रत्येक दिन निर्दिष्ट होंगे। किसी कैलेण्डर के अनुसार आज के दिन का मूलांक 1 होगा तो किसी के अनुसार 2, और इसी प्रकार 3, 4, 5, 6, 7, 8, 9 भी। जब नौ के नौ मूलांक आज के दिन के हैं तो पुनः अब अंकशास्त्र का यहाँ क्या महत्त्व रह जाता है। यह तो संयोग की बात है

कि अंग्रेजी कैलेण्डर पूरे विश्व में प्रसृत हो गया, अन्यथा किसी अन्य कैलेण्डर के अनुसार अपना कुछ भिन्न ही मूलांक मान वैसा ही शुभाशुभ अंक, वर्ण, दिशा, रत्न आदि भिन्न फलों को लोग मान रहे होते। इससे क्या ऐसा नहीं लगता कि लोग अधिकतर भ्रम में ही जीते हैं!

(ii) ब्रह्माण्ड में ग्रहों की स्थिति असंख्य हो सकती है, परन्तु हमारे महर्षियों ने यह पाया कि उनमें से केवल सात (छायाग्रह राहु/केतु मिलाकर कुल नौ) ही ग्रह ऐसे थे जो अपने प्रभाव से पृथ्वी व मानवजीवन को प्रभावित करने की क्षमता रखते हैं। अतः और भी अतिदूर स्थित अन्य ग्रहों की गणना करना तो व्यर्थ प्रयास होता। उदाहरण के लिये जो महर्षि शनि जैसे अतिदूर ग्रह के लिये भी अत्यन्त जटिल व सूक्ष्म वैज्ञानिक यथार्थ गणना कर सकते थे, क्या उन्हें उससे कुछ आगे स्थित ग्रहों की जानकारी नहीं थी, अर्थात् निःसंदेह थी, परन्तु उनकी गणना से लाभ? अतः पाश्चात्य अंकशास्त्र द्वारा उन ग्रहों को मूलांकस्वामी बनाना बस मनमानी कल्पना के अतिरिक्त कुछ और नहीं है।

(iii) जैसा कि पूर्व में कहा जा चुका है मनुष्यों द्वारा अपनी मनमानी बुद्धि से निर्मित कैलेण्डर, भले ही वह अधिकतर देशों द्वारा स्वीकृत हो, केवल सामाजिक व्यवस्था के लिये ही उपयुक्त है और उनकी किसी ज्योतिषीय फलोत्पादकता की कल्पना व्यर्थ है। यह देखा जा चुका है कि अंग्रेजी कैलेण्डर में किस प्रकार वर्ष एवं मास के दिनों की संख्या मनमाने रूप में समय-समय पर परिवर्तित की जाती रही है। कभी किसी मास में कितने दिन रखे गये, पुनः निकाले गये अथवा और जोड़े गये, मास आगे-पीछे हुए, और सबसे बड़ी बात तो यह है कि इस कैलेण्डर के निर्माण में ज्योतिषीय ग्रहगणित का कहीं कोई हस्तक्षेप नहीं है, अतिरिक्त इसके कि इनकी मनमानी मासंख्या, मासदिवस व वर्षमान से ऋतुओं के साथ जब संगति नहीं बैठने लगी, अर्थात् जब विभिन्न वर्षों में ऋतुयें भिन्न-भिन्न मासों में पड़ने लगी, तो इन्होंने अपने मनमाने कैलेण्डर में दिनों/मासों की संख्या व क्रम

आदि में मनमाना* परिवर्तन कर उन्हें ऋतुओं की संगति में लाने का प्रयास किया। अब ऐसे में क्या वर्ष के सभी अंकों के मध्य एक वैज्ञानिक क्रम का भी सम्बन्ध रह सकता है! ज्योतिषीय सम्बन्ध की तो बात दूर!!

इसके अतिरिक्त $365^1/_4$ दिनों का एक वर्ष मानते हुए प्रत्येक चार वर्ष पर एक दिन फरवरी में बढ़ा दिया जाता रहा है, परन्तु इसके पश्चात् भी 9.16 मिनट का समय प्रत्येक वर्ष छूट जाता है जो 157 वर्ष (लगभग) में एकत्र हो 1 दिन और बढ़ाता है- उसकी स्थिति कहाँ होगी?

और कितनी विसंगति है इनके द्वारा प्रतिपादित मिथ्या अंकशास्त्र में कि क्रमश: चलते दिनों की एक ही शृंखला में नौ अंकों का एक चक्र समाप्त हुए बिना द्वितीय चक्र आरब्ध हो जाता है। जैसे 30 या 31 दिनांक का मूलांक है 3 या 4, और ठीक इसके पश्चात् दिनांक 1 का आरंभ हो जाता है। यद्यपि इस कैलेण्डर का निर्माण करने वालों ने अंकविज्ञानीय दृष्टिकोण से इसका निर्माण नहीं किया था, सर्वत्र स्वेच्छाचारिता थी और अधिकतम वैज्ञानिकता यह थी कि प्रत्येक वर्ष ऋतुएं लगभग समान ही समय में पड़ें, तथापि अंग्रेजी कैलेण्डर को आधार बना पाश्चात्य अंकशास्त्र रचनेवाले कीरो आदि तथाकथित ज्यौतिषियों को तो यह बात समझनी चाहिये थी कि चूंकि इस कैलेण्डर का निर्माण ज्योतिषीय आधार पर वैज्ञानिक रूप में नहीं हुआ है, अत: इसके आधार पर ज्योतिषीय माध्यम से शुभाशुभ वर्ण, दिशा, रत्न, स्वभाव इत्यादि ज्योतिषीय फलनिरूपण नहीं किया जा सकता।

परन्तु ऐसा किया गया, और आज भी यह पाश्चात्य अंकशास्त्र पूरे विश्व में एकमात्र अंकशास्त्र के रूप में प्रचलित है।

खेद की बात है कि पाश्चात्य या भारतीय किसी ज्योतिषी ने प्रभावी व ज्ञात रूप में इन पाश्चात्य-अंकशास्त्रीय त्रुटियों व मिथ्यात्व को प्रकाशित नहीं किया। केवल दोषसिद्धि ही पर्याप्त नहीं होती है, साथ में समाधान या सत्य-स्थिति भी प्रस्तुत की जानी चाहिये। परन्तु पुन: खेद है उन अधिकांश

---

* मनमाना का तात्पर्य जो ज्योतिषीय आधार से रहित, व अपनी इच्छा के अनुसार हो।

भारतीय ज्योतिषियों की लोभी बुद्धि पर जो ज्योतिष शास्त्र को मात्र धन लूटने का साधन मात्र देखते हैं, तथा तोतारटन्त में सत्य-असत्य सभी ज्योतिषीय नियमों का पालन करते जाते चाहे उनसे सत्य भविष्यवाणी की जा सके या नहीं, और सुधार की बात कौन कहे, धनबल से प्रसिद्धि पा जानेवाले अयनांश आदि में कुछ आगे-पीछे कर भ्रामक सिद्धान्तों वाले ये कथित ज्योतिषी अज्ञान-अन्धकार और अधिक बढ़ा देते हैं।

अब इससे स्पष्ट हो चुका है कि किस प्रकार कथित अंकशास्त्री पाश्चात्य अंकशास्त्र के नाम पर लोगों को मूर्ख बना धन ऐंठ रहे हैं।

अंकशास्त्र का आधार ज्योतिषीय ही हो सकता है, परन्तु वह आधार क्या हो इस पर कुछ असमञ्जस लोगों की बुद्धि में उत्पन्न हो सकता है, क्योंकि ज्योतिषीय आधार पर बने या खगोलविज्ञानीय कैलेण्डर के अनुसार सूर्य का बारह राशियों को पार करना एक वर्ष होता है, एक राशि को पार करना एक मास होता है, तथा एक अंश को पार करना एक दिन के समान गणनात्मक दृष्टिकोण से होता है। अर्थात् दशागणना के समय, उदाहरण के लिये, यदि 5 वर्ष 2 मास 9 दिन जोड़ने हों तो इसे उस समय के सूर्य स्पष्ट में 5 वर्ष 2 राशि 9 अंश के रूप में जोड़ेंगे। यहाँ 5 वर्ष संवत् में जुटेगा, तथा 2 राशि सूर्य स्पष्ट में। और इस प्रकार जोड़ने पर जो समय आता है, वही शुद्ध होता है, सीधे अंग्रेजी दिनांक में जोड़ा गया नहीं। परन्तु सूर्य के स्पष्ट स्थान का प्रयोग मात्र गणित के दृष्टिकोण से ही सत्य फल देने वाला है, अंकविज्ञानीय फलित के दृष्टिकोण से चन्द्रमा के स्पष्ट स्थान की आवश्यकता होती है और यही फलप्रद अनुभूत किया गया है।

ऐसा क्यों! क्योंकि सभी ग्रहों में कार्य बँटे हुए हैं कि किसका क्या कार्यक्षेत्र है। सूर्य की सभी नौ ग्रहों में प्रधानता है—वह राजा है, परन्तु इसका अर्थ यह नहीं है कि वह रानी के कार्यों को भी स्वयम् करने लग जाये, या मन्त्री, सेनापति, भृत्य आदि के कार्यों को भी। सूर्य के भगण राश्यादि स्पष्ट स्थान से हम यह तो ज्ञात कर सकते हैं कि इस सृष्टि या इस चतुर्युग या इस कलियुग के आदि से कुल कितने वर्ष, मास, दिन बीते हैं, परन्तु आज के दिन कौन-सा मूलांक प्रभावप्रद है, इसका निर्धारण

चन्द्रमा की वर्तमान स्थिति से होता है। जिस समय प्रश्न किया जाता है उस समय की कुण्डली बना अर्थात् प्रश्नकुण्डली से फल बताने की व्यवस्था है। इसी से यह सिद्ध होता है कि वर्तमान में चन्द्रमा जिस नक्षत्र में है उसका प्रभाव अभी विश्व में स्पष्ट रूप से वर्तमान है, साथ ही यदि किसी का इस समय जन्म हुआ हो तो वर्तमान नक्षत्र की दशा उस पर प्रभावी हो जाती है। अर्थात् वर्तमान में चन्द्रमा जिस मूलांक में है उस मूलांक के स्वामी का प्रभाव जन्म लेने वाले के जीवन को, तथा जन्म ले चुके व्यक्ति के वर्तमान तथा भविष्य के कार्यों को भी प्रभावित कर रहा है।

हम चन्द्रमा से ही वर्तमान ग्रहदशा निकालते हैं, सूर्य के स्पष्ट स्थान अथवा लग्नस्पष्ट से तो ग्रहदशा निकाली नहीं जाती, और वास्तविकता में फल भी चन्द्र स्पष्ट से ही मिलता है, और वह भी विंशोत्तरी महादशा से ही। अब ऐसे में यदि सूर्य अथवा लग्न को इस कार्य में माध्यम बनाया जाये तो वह अज्ञानान्धकार को बढ़ाने वाला तथा परिणामस्वरूप शीघ्र या विलम्ब से ज्योतिष को क्षयरोग लगा नष्ट कर देगा। अतः किसी व्यक्ति या आज का मूलांक जानने के लिये चन्द्रमा की नक्षत्रस्थिति देखें। जिस मूलांक के नक्षत्र में चन्द्रस्थिति होगी वही मूलांक फलप्रद माना जायेगा। जैसे ग्रह एक समय में मात्र एक ही स्थान पर वास्तविक रूप में होता है, और किसी भी अन्य स्थान पर नहीं, उसी प्रकार एक समय में मात्र एक ही मूलांक सत्यरूप में फलप्रद होता है, अन्य सारी कल्पनायें ही हैं जिनका वास्तविकता से कोई लेना-देना नहीं है। चूंकि ग्रहों का स्थान सदा से पूर्वनिर्धारित है, और हम क्या, देवता भी इस गणित द्वारा पूर्वनिर्धारित स्थान को परिवर्तित नहीं कर सकते, अतः यह सिद्ध होता है कि किसी दिन का मूलांक क्या होगा यह सदा के लिये पूर्वनिर्धारित है जिसे परिवर्तित करने की बात केवल सोची जा सकती है, परन्तु वास्तविकता में कभी नहीं की जा सकती।

परिवर्तनीयत्व के दृष्टिकोण से मूलांक दो प्रकार के होते हैं–

1) शाश्वत या अपरिवर्तनीय तथा (Invariable or Eternal)

2) मानवनिर्धारित या परिवर्तनीय (Variable)।

शाश्वत या अपरिवर्तनीय–खगोल विज्ञान द्वारा सृष्टि के आरंभ से सृष्टि के अन्त तक प्रत्येक युग, प्रत्येक वर्ष आदि सभी समय के लिये चन्द्रमा* का स्थान निर्धारित कर दिया गया है, अर्थात् चन्द्रमा सृष्टि के किसी भी दिन कब से कब तक किस नक्षत्र में रहेगा। जिसका अर्थ यह हुआ कि सृष्टि के किसी भी दिन कब से कब तक विश्व पर कौन–सा मूलांक प्रभावी रहेगा, यह पूर्वनिर्धारित है जिसे परिवर्तित कर पाना देवताओं के वश में भी नहीं है, पुनः आज के पशुबुद्धि** वाले मनुष्यों की क्या बात! तब भी यदि किसी ने इस मूलांक से भिन्न किसी अन्य मूलांक आदि के रूप में पृथक् अंकशास्त्र प्रचलित किया, तो इससे वास्तविक अंकविज्ञान का ज्ञान इस पृथ्वी से लुप्त हो जायेगा परन्तु प्रभाव नहीं। क्योंकि जो वास्तविक अंकविज्ञान है उसी का वास्तविक प्रभाव होता है, और इस प्रभाव को ....मैं पूर्व में कह चुका हूँ। इन शाश्वत या अपरिवर्तनीय मूलांकों से अंकविज्ञान की सम्पूर्ण संरचना बनी है–सभी नौ मूलांकों के स्वामी नक्षत्रस्वामित्व द्वारा अपरिवर्तनीय रूप से निर्धारित हैं।

मानव निर्धारित या परिवर्तनीय–मनुष्य इस पृथ्वी पर जो कुछ कॉलोनी, कार्ड्स या अन्य किसी भी प्रकार का वैसा निर्माण करता है जहाँ एक निश्चित क्रम संख्या विभिन्न वस्तुओं, घरों आदि के लिये पृथक्–पृथक् निर्धारित की जाती है, वहां उस संख्या के मूलांक के अनुसार उस गृह, सदस्यता, वाहन आदि पर वैसा वैसा ही मूलांकीय प्रभाव समझना चाहिये। गृह संख्या, वाहन संख्या, सदस्य संख्या, दूरभाष संख्या आदि के मूलांक को उसके स्वामी के मूलांक से भी मिलाकर देखना चाहिये। निवास भवनों

---

* साथ में अन्य ग्रहों का भी

** आहार–निद्रा–भय–मैथुनानि च सामान्यमेतत् पशुभिः नृणाम्।
धर्मो हि तेषाम् अधिको विशेषो धर्मेण हीनाः पशुभिः समानाः।।

तथा कक्षों आदि का निर्माण मनुष्य ने किया है, तथा ये सभी गृह आदि निर्माण से पूर्व वहां अस्तित्व में नहीं थे, ध्वंस के पश्चात् भी वहां नहीं रहेंगे। चूंकि ज्योतिष में ऐसा कोई नियम नहीं है कि किसी कॉलोनी के विभिन्न गृहों की क्रमसंख्या किस दिशा से आरब्ध हो तभी अंकविज्ञानीय प्रभाव होगा, अथवा विपणन कक्षों की ही क्रम संख्या मार्केट में किस ओर से आरब्ध हो, अत: यह मानवबुद्धि की मनमानी पर निर्भर है कि वह किस दिशा से गृहों, कक्षों आदि की क्रमसंख्या निर्धारित करना आरब्ध करे, और संयोग यह है कि वह जो भी क्रमसंख्या जिस स्थान का निर्धारित करेगा, उसी के मूलांक का प्रभाव उस स्थान पर पड़ेगा। यदि कभी मनुष्य ने सारी क्रमसंख्या पुन: निर्धारित कर परिवर्तित कर दिया, तो अब परिवर्तित मूलांक का प्रभाव उस स्थान पर रहेगा। यहां पर मानवीय स्वेच्छाचारिता के अनुसार मूलांकों की स्थिति है और इसी कारण से फल परिवर्तित कर दिये जा सकते हैं। परन्तु यह स्वेच्छाचारिता केवल मानवनिर्मित वस्तुओं पर ही व्यवहृत होगा। और जैसा कि कहा जा चुका है कि कैलेण्डर या पञ्चाङ्ग खगोल विज्ञान द्वारा सार्वकालिक अथवा सभी समय के लिये निर्मित किये हुए हैं, यत: मानव द्वारा इसके निर्माण की कोई आवश्यकता नहीं है, केवल उस सार्वकालिक या शाश्वत कैलेण्डर या पञ्चाङ्ग-संरचना को जानने की, समझने की आवश्यकता है। परन्तु यह पाश्चात्यों का अहंकार तथा भारतीयों का पशुवत् अज्ञान है कि वह यह मानने को सहमत नहीं होता कि कलियुग के अभी तक पांच सहस्र से भी ऊपर वर्ष बीत गये हैं, तथा उसके पूर्व द्वापर युग के आठ लाख चौंसठ सहस्र वर्ष बीते*, तथा उसके भी पूर्व त्रेता के सत्रह लाख अट्ठाइस सहस्र वर्ष बीते इत्यादि।

इस प्रकार यह स्पष्ट हो चुका है कि मानवनिर्मित वस्तुओं का मूलांक निर्धारित करने का अधिकार मानव के पास है, तथा इसके परिवर्तन का भी। उदाहरणस्वरूप किसी व्यक्ति की गृहसंख्या 201 है, तो इसका अर्थ

---

* एक चतुर्युग=चारों युगों क्रमशः सत्ययुग, त्रेता, द्वापर और कलियुग का एक समूह। एक चतुर्युग का मान= 43,20,000 वर्ष। इसमें इन चारों युगों का मान क्रमशः 4:3:2:1 के अनुपात में है।

यह हुआ कि इस व्यक्ति के गृह का मूलांक 3 है (2 + 0 + 1=3)। इससे इस गृह पर सूर्य का प्रभाव माना जायेगा। पुनः यदि प्रशासन आदि द्वारा सभी गृहों की क्रमसंख्या परिवर्तित करते हुए इस गृह की संख्या 198 कर दी गयी तो अब इसका मूलांक 9 होगा, (1+9+8=18⇒1+8=9) जिससे अब इसके स्वामी बुध का इस गृह पर प्रभाव रहेगा। इसी प्रकार दूरभाष संख्या, सदस्यता संख्या इत्यादि के सम्बंध में भी समझना चाहिये।

दैनिक फल के विचार से यथार्थ अंकविज्ञान के अनुसार जिस दिन जो नक्षत्र जब तक रहता है तब तक उसके मूलांक का प्रभाव पूरे विश्व पर रहता है। परन्तु व्यक्ति (Individual) पर पड़ने वाले इस मूलांक के प्रभाव में कुछ और प्रभाव भी मिश्रित रहते हैं। ये हैं–

1. जन्मकालीन चन्द्रराशि से वर्तमान चन्द्रराशि का फल
2. जन्मकालीन मूलांक से वर्तमान मूलांक का फल
3. जन्मलग्न के अनुसार वर्तमान मूलांक का फल

प्रत्येक वस्तु या व्यक्ति की शक्ति या सामर्थ्य की सीमा होती है जिससे आगे वह उस क्षेत्र में कार्य नहीं कर सकता। साथ ही वह उन क्षेत्रों में भी कार्य नहीं कर सकता जिन क्षेत्रों में वह कार्य करने में समर्थ नहीं है। इसी प्रकार मूलांकों द्वारा फलप्राप्ति के क्षेत्र की भी सीमा है। मात्र आज के या जन्मकालीन मूलांक के माध्यम से आज के या आजीवन सम्पूर्ण फल का कथन, जैसे शुभाशुभ वर्ण, दिशा, रत्न आदि तथा लाभ-हानि, मनःस्थिति, घटनायें इत्यादि सभी बातों की भविष्यवाणी सच में फलप्रद रूप से नहीं की जा सकती है। किसी भी प्रकार के फलकथन में हमें बहुत सारे आधारों को लेना पड़ता है जिनका सम्मिलित निष्कर्ष ही भविष्यवाणी के योग्य होता है। अतः केवल एक आधार पर या आवश्यकता से न्यून आधारों पर यदि कुछ फलकथन किया जाये, तो बस प्रतीक्षा करें और भगवान् से मनायें कि तीर लक्ष्य वेध दे।

आज आपका दिन कैसा जायेगा इसमें जन्मकालीन चन्द्रराशि से वर्तमान चन्द्रराशि की स्थिति बहुत महत्त्व रखती है। सामान्यतः जन्मकालीन

चन्द्रराशि से प्रथम, तृतीय, पञ्चम, सप्तम, नवम और एकादश राशि में चन्द्रमा का भ्रमण शुभफलप्रद होता है; चतुर्थ, षष्ठ, अष्टम और द्वादश राशियों में चन्द्रमा का भ्रमण दुःख व हानि प्रदान करने वाला हो सकता है, अर्थात् सावधानी रखनी चाहिये, तथा द्वितीय एवम् दशम राशि का चन्द्रमा शुभफलप्रद हो सकता है, अथवा अशुभफलप्रद भी हो सकता है- यह वर्तमान दशा-अन्तर्दशा-प्रत्यन्तर्दशा आदि द्वारा वर्तमान में प्राप्त किये जा रहे फलों के अनुकूल होता है। मैंने अपने अनुभव के अनुसार ये तीन वर्गीकरण प्रस्तुत किये हैं, परन्तु सदा ऐसा ही होता है ऐसा नहीं है। जब दिन अच्छे चल रहे हों तो चन्द्रमा का अशुभ संचरण भी अधिकतर अच्छा ही बीत जाता है जबकि दिन विरुद्ध जा रहे हों तो चन्द्रमा का शुभ राशियों में संचरण भी उस भाव से सम्बंधित कुछ दुःख ही दे जा सकता है। इस चन्द्रसंचरण से सम्बद्ध विभिन्न बातों को यहां संक्षेप में प्रस्तुत किया जा रहा है, विस्तार से लिखना उपयुक्त नहीं।

द्वितीय आधार है जन्मकालीन मूलांक से वर्तमान मूलांक का फल निर्धारित करना।

मूलांक क्रम	**संज्ञा**
जन्म मूलांक	जन्म
जन्म मूलांक से द्वितीय मूलांक	सम्पत्
जन्म मूलांक से तृतीय मूलांक	विपत्
जन्म मूलांक से चतुर्थ मूलांक	क्षेम
जन्म मूलांक से पञ्चम मूलांक	प्रत्यरि
जन्म मूलांक से षष्ठ मूलांक	साधक
जन्म मूलांक से सप्तम मूलांक	वध
जन्म मूलांक से अष्टम मूलांक	मित्र
जन्म मूलांक से नवम मूलांक	अमित्र/अतिमित्र

पक्ष के मूलांक	शत्रु मूलांक	तटस्थ
सम्पत्, क्षेम, साधक, मित्र, (अतिमित्र)	विपत् प्रत्यरि, वध, (अमित्र)	जन्म

यह व्यवस्था हमारे ज्योतिष ग्रन्थों में न जाने कब से परम्पराक्रम में दुहराती चली आ रही है। इसका अनुभवात्मक परीक्षण करना कदाचित् आवश्यक नहीं समझा गया। सम्भव है ऐसा फल गोचर में हो, अथवा न हो, परन्तु व्यवहार में विभिन्न मूलांकों के मध्य मित्रता-शत्रुता निर्धारित करने को यदि इसे आधार बनाया जाये तो यह संज्ञाव्यवस्था फलप्रद अनुभूत नहीं होती। यहां ध्यान से देखें तो आप पायेंगे कि अधिकतर एक मित्र पश्चात् एक शत्रु ऐसा क्रम है। जैसे द्वितीय, चतुर्थ, षष्ठ और अष्टम मित्र वर्ग के अंक हैं तो तृतीय, पंचम, और सप्तम (तथा नवम भी) शत्रु वर्ग के। अब जन्ममूलांक शत्रुओं के वर्ग के संग आ रहा है। न तो किसी का जन्मलग्न अशुभ होता है, न जन्म चन्द्रराशि, और न ही जन्मवार आदि, तो यह जन्म नक्षत्र या जन्ममूलांक कैसे अशुभ हो गया!

वस्तुतः विभिन्न अंकों के मध्य मित्र-शत्रु क्रम में भी समांकीय और विषमांकीय लग्नों के अनुसार व्यवहार होगा। अर्थात् सभी विषम अंकों का एक समूह होगा जिसके सभी अंक एक-दूसरे के मित्र होगें, तथैव सभी सम अंकों का एक समूह होगा जिसके सभी अंक एक-दूसरे के मित्र होंगे। सम अंक और विषम अंक परस्पर एक-दूसरे के शत्रु हैं।

अतः पुनर्व्यवस्थित मूलांक वर्गीकरण-

विषम अंकों का वर्ग - 1, 3, 5, 7, 9 - परस्पर एक-दूसरे के मित्र

सम अंकों का वर्ग - 2, 4, 6, 8 - परस्पर एक-दूसरे के मित्र

अर्थात् किसी व्यक्ति ने यदि 1, 3, 5, 7 या 9 मूलांक के नक्षत्र में जन्म लिया हो तो उसके लिये ये सभी विषम अंक शुभ होंगे। तथैव यदि किसी व्यक्ति ने 2, 4, 6 या 8 मूलांक के नक्षत्र में जन्म लिया हो तो

उसके लिये सभी सम मूलांक मित्र होंगे। परन्तु यहां मूलांकों की मैत्री-शत्रुता अंतिम रूप से निर्धारित नहीं है। **किसी भी व्यक्ति के लिये कौन-सा अंक शुभ है कौन कौन-सा अशुभ/शत्रु इसका अंतिम और वास्तविक निर्धारण जन्मकुण्डली के आधार पर होता है। साथ ही, किसी भी व्यक्ति के लिये कौन-सी दिशा शुभ होगी, रत्न शुभ होगा, वर्ण शुभ होगा, वस्तु शुभ होगा इत्यादि बातों का निर्धारण अंतिम और वास्तविक रूप से मात्र जन्मकुण्डली द्वारा ही सम्भव है, तथा अन्य किसी माध्यम* से ऐसा परामर्श देना लोगों को मूर्ख बनाना है।** इन सभी बातों की जानकारी आगामी अध्याय में दी गयी है।

वारों के सम्बंध में भी अंकों के समान ही मित्रता-शत्रुता का निर्धारण करें। सृष्टि का प्रथम वार रविवार है, या यूँ कहें कि ग्रहों के गमन का आरम्भ मेष राशि के आदि एवम् रविवार से हुआ था। अर्थात् वारक्रम में सूर्य को प्रथम वार का आधिपत्य प्राप्त था। अतः 1, 3, 5 एवम् 7 अंकों के वारों में जन्मे व्यक्तियों के लिये ये सभी वार शुभ तथा 2, 4, 6 वार अशुभ होते या अनुकूल नहीं होते। इसी प्रकार 2, 4, 6 वारों में जन्मे व्यक्तियों के लिये ये वार शुभ तथा अन्य प्रतिकूल होते हैं। परन्तु अंतिम निष्कर्ष लग्न से मिलाकर निकालें और लग्न के आधार पर पर बने प्रभाव अधिक शक्तिशाली होंगे।

मूलांकों की शुभता/अशुभता, पक्ष/विपक्ष, लाभ/हानि इत्यादि के निर्णय में हमें यथेष्ट सावधानी एवम् सूक्ष्म बुद्धि की आवश्यकता पड़ती है। उदाहरणकुण्डली पृष्ठ 36 पर देखें। इस जातक का शनि नीचराशि में त्रिकस्थ है। अब शनि के मूलांक 8 को इस जातक के लिये लाभप्रद या हानिप्रद कैसा बतायेंगे! जातक का अपना अनुभव है कि जिन मूलांक 8 के गृह/कार्यालय आदि के लोग/स्वामी दरिद्र, निम्नश्रेणी, या निम्न मध्यम श्रेणी के या अनैतिक/लुटेरे थे, वहां जातक को हानि हुई/या शत्रुता झेलनी पड़ी। परन्तु जहां मूलांक 8 के स्वामी धनी थे, या निर्धन न होते हुए बहुत सज्जन थे, वहां जातक को लाभ या समता प्राप्त हुई। इसके कारण का

---

* अतीन्द्रिय बोध या दिव्य दृष्टि के अतिरिक्त

विचार करें। नीचस्थ शनि दरिद्र व नीच लोगों का प्रतिनिधित्व करता है। अतः उनसे हानि/शत्रुता हुई। परन्तु जहां मूलांक 8 के गृहस्वामी लोग समृद्ध हैं, वे कुण्डली के नीचस्थ शनि के प्रतिनिधित्व में नहीं आते हैं। चूंकि इस कुण्डली में शनि योगकारक ग्रह होने के साथ-साथ राजयोग भी बना रहा है, अतः लाभ के दिनों में इन मूलांक 8 के समृद्ध स्थानों से जिस किसी भी रूप में लाभ/सहायता प्राप्त हो सकती है। इसी प्रकार अन्य ग्रहों के भी बल, भावेशत्व व स्थिति आदि का विचारकर वैसे ही उन मूलांक के स्थानों से तदनुसार फलप्राप्ति का विचार करना चाहिये। यदि इस जातक के लिये मूलांक 7 की शुभता/अशुभता का ज्ञान करना हो, तो इन बिन्दुओं पर विचार करें-

1. मूलांक 7 के स्वामी बृहस्पति का सप्तम भाव में स्थित होना।
2. बृहस्पति की मुख्य राशि धनु का अष्टम भाव में होना।
3. बृहस्पति की साधारण राशि मीन का एकादश भाव में होना।
4. और सबसे महत्त्वपूर्ण बात यह है कि मूलांक 7 जन्ममूलांक है।

चूंकि बृहस्पति की मुख्य राशि त्रिक में है, अतः मूलांक 7 वृषलग्न में विरोधी माना जायेगा, परन्तु बृहस्पति के अच्छे भाव में होने-मूलांक 7 के जन्ममूलांक होने-बृहस्पति की साधारण राशि के लाभ भाव में होने-इन कारणों से पक्ष में भी योग बन रहे हैं। अतः जब दिन अच्छे चल रहे हों तब मूलांक 7 के अनुकूल स्थानों से उपयुक्त लाभ प्राप्त हो सकता है, परन्तु विपरीत दिनों में लाभ बाधित हो शत्रुता ही शिष्ट रह जा सकती है।

प्रथम वर्ग	**द्वितीय वर्ग**
रविवार, मंगलवार, बृहस्पतिवार, शनिवार	सोमवार, बुधवार, शुक्रवार

वृष और तुला लग्न में शनिवार, तथा कर्क और सिंह लग्न में मंगलवार विशेष शुभ होते हैं, अतः ये वार यदि शत्रु वर्ग में आ रहे हों तो भी इनमें अशुभता न्यून और शुभता अधिक होगी। इसी प्रकार वृषलग्न में बुध धनेश

व विद्यास्वामी होता है, अतः बुधवार के दिन इन भावों से सम्बन्धित बातें हो सकती हैं, चाहे यह शुभ वर्ग में हो या अशुभ वर्ग में। तात्पर्य यह कि ग्रह अपने-अपने वार में अपने भाव/भावों का शुभाशुभ फल कर सकता है, चाहे यह वार शत्रुवर्ग में हो या मित्रवर्ग में।

जब किसी वार, अंक, लग्न आदि को किसी का मित्र या शत्रु बताया जाये, तो ऐसा नहीं है कि उस व्यक्ति को उस वार में, उस अंक के गृह आदि में या उस लग्न के व्यक्ति के साथ में साक्षात् हानि की अनुभूति होने लग जाये, या शत्रुता उत्पन्न हो जाये। दो विरोधी लग्न के व्यक्ति भी अच्छे साथी के रूप में देखे जा सकते हैं, परन्तु यह मित्रता ऊपरी होती है, और अन्तः में शत्रुता के तत्त्व दबे रहते हैं जिनका उन दोनों को, सम्भव है, ज्ञान न हो। इसी प्रकार वर्ण में, वार में, दिशा में उस प्रकार के शत्रुता या मित्रता आदि के तत्त्व छिपे रहते हैं।

7. द्वादश लग्न तथा मूलांकादि विचार

(Twelve Ascendants and their Auspicious Numbers etc)

मेष लग्न

मेष लग्न का स्वामी मंगल होता है। इस लग्न के व्यक्ति प्रायः क्रोधी स्वभाव के, शरीर से स्फूर्तिमान्, विभिन्न प्रकार की क्रीड़ाओं में रुचि लेने वाले, व्यावहारिक बुद्धि के व मानवतावादी हो सकते हैं। इनके लिये सेना का क्षेत्र तथा पुलिस क्षेत्र से सम्बद्ध कार्य अनुकूल व प्रिय होता है। प्रायः 16वें वर्ष से ही विशेष भाग्योन्नति आरब्ध हो जा सकती है। स्त्रियों में ये विशेष रुचि लेते हैं, परन्तु मर्यादा भी बनाये रखते हैं। वैवाहिक जीवन प्रायः सुखद ही रहता है। संतानों से विशेष उन्नति की आशा की जा सकती है, परन्तु इसके लिये यह भी आवश्यक है कि वह उन्हें अच्छी शिक्षा व वातावरण प्रदान करें।

मेष लग्न के सभी मूलांक वालों के लिये जन्मकुण्डली की ग्रहस्थिति का विचार किये बिना सामान्य रूप से शुभ अंक, दिशा, वर्ण इत्यादि इस प्रकार हैं :-

दिशा	:	पूर्व, पश्चिम, आग्नेय कोण (दक्षिण पूर्व), वायव्य कोण (पश्चिमोत्तर), (ईशान कोण (पूर्वोत्तर), धर्म एवं भाग्योदय के दृष्टिकोण से।)
वर्ण	:	स्वर्णिम, श्वेत, नीला, पीला।
मूलांक	:	2, 3, 4, 7, 8
वार	:	रविवार, सोमवार, बृहस्पतिवार, शुक्रवार, शनिवार।
जन्मलग्न	:	मेष, मिथुन, कर्क, सिंह, तुला, धनु, मकर, कुम्भ।

इन सभी शुभताओं के बने रहने के लिये यह आवश्यक है कि सम्बद्ध स्वामी ग्रह अच्छी स्थिति में हों, तथा त्रिक में न हों। राहु और केतु यदि त्रिक में हों तो सभी मूलांकों के लिये इनका मूलांक क्रमशः 6 और 1 तथा दिशा नैऋत्य व वर्ण काला शुभ नहीं होंगे।

मेषलग्न-मूलांक 1

मेषलग्न के जिन व्यक्तियों का जन्ममूलांक 1 हो, अर्थात् जिनका जन्म अश्विनी, मघा या मूल नक्षत्र में हुआ हो, उनका क्रोधी स्वभाव और भी रंग लाता है। ये पुलिस या सेना के विशेष योग्य होते, नहीं तो चोर-लुटेरे भी बन सकते हैं। ये धूम्रपान के प्रेमी, परस्त्रीगामी व कठोर हृदय के हो सकते हैं। जिस भाव में केतु बैठा हो उस भाव से संबंद्ध बातों में इनका विशेष लगाव हो सकता है। इनका मुख्य उद्देश्य अधिक से अधिक धन अर्जित करना व सुखोपभोग करना होता है जिनमें नैतिकता का कोई स्थान नहीं होता। यदि केतु त्रिकोण में होता है, या तृतीय अथवा एकादश भाव में हो, तो जातक में ऐसे दोष न हो शुभप्रवृत्ति रह सकती है। केतु के त्रिक में रहने पर ये दोष बढ़ जाते हैं।

मित्र मूलांक	:	1, 3, 7
शत्रु मूलांक	:	4, 6
मित्र-शत्रु मिश्रित प्रभावी मूलांक	:	2, 8, 5

तथापि ग्रहस्थिति के अनुसार इस वर्गीकरण में अन्तर आ सकता है। मूलांकों में अपने स्वामी ग्रह के भावेशत्व का प्रभाव अधिक होता है। **जन्ममूलांक शत्रुवर्ग में आने पर भी अपने में उत्थान के बीज समाहित रखता है।**

मेषलग्न-मूलांक 2

मेषलग्न के जिन व्यक्तियों का मूलांक 2 हो, उनका क्रोधी स्वभाव स्त्रियों में आसक्तिवश कुछ शान्त रहता है। ये धन एवं यौनसुख में विशेष आन्तरिक रुचि रखते हैं। इनका गृहस्थ जीवन सुखद ही रहने की आशा रहती है। इनका स्वभाव प्राय: सांसारिक होता है। अपने जीवन में अर्थोपार्जन के लिये इन्हें विशेष प्रयास करना पड़ता है, परन्तु सफलता भी मिलती है। कला के क्षेत्र में अध्ययन इनके लिये अधिक उपयुक्त हो सकता है।

मित्र मूलांक	:	2, 3, 4, 8, 6
शत्रु मूलांक	:	1, 5, 9
मित्र-शत्रु मिश्रित प्रभावी मूलांक	:	7

ध्यान रहे कि मूलांकों का शुभाशुभत्व स्वामी के शुभाशुभत्व अर्थात् भावेशत्व से ही मुख्यतः निर्धारित होता है।

मेषलग्न-मूलांक 3

ऐसे व्यक्ति उत्साह से पूर्ण व अपने जीवन में उन्नति की विशेष इच्छा रखने वाले होते हैं। अध्ययन के क्षेत्र में विद्वत्ता व कर्मक्षत्र में कुशलता इनकी विशेषता है। इनसे देश, धर्म व मानवता के कल्याण की आशा की जा सकती है।

मित्र मूलांक	:	1, 3, 5, 7
शत्रु मूलांक	:	4, 6
मित्र-शत्रु मिश्रित प्रभावी मूलांक	:	2, 8, 9

मेषलग्न-मूलांक 4

ऐसे व्यक्ति में भावुकता की मात्रा पर्याप्त रूप में पायी जाती है। यदि इन्हें अच्छा मार्ग मिल जाये तो बहुत अच्छे बन सकते हैं, और यदि कुसंगति प्राप्त हो जाये इनके पतन की भी सीमा नहीं। इन्हें प्रेरित करना सरल होता है।

मित्र मूलांक	:	2, 4, 6, 8
शत्रु मूलांक	:	1, 5, 9
मित्र-शत्रु मिश्रित प्रभावी मूलांक	:	3, 7

मूलांक 3 और 7 से इन्हें कभी लाभ भी प्राप्त हो जा सकता है, क्योंकि ये दोनों अंक त्रिकोणेश के हैं। **किसी भी जन्मकुण्डली में त्रिकोणेश से अधिक शुभ कोई ग्रह नहीं होता है।**

मेषलग्न-मूलांक 5

ऐसे लोगों में मंगल के गुण बहुतायत से होते हैं। लड़ना-झगड़ना तो स्वभाव की एक साधारण सी बात होती है। इन्हें लाल वर्ण विशेष प्रिय हो सकता है। सांसारिकता के धरातल से ये कभी उठ नहीं पाते, अतः इनके लिये आध्यात्मिकता तो कोसों दूर की बात है। इनका खेलकूद में लगाव इन्हें उपलब्धि दिला सकता है।

मित्र मूलांक	:	1, 3, 5, 7
शत्रु मूलांक	:	4, 6
मित्र-शत्रु मिश्रित प्रभावी मूलांक	:	2, 8, 9

मेषलग्न-मूलांक 6

ऐसे लोगों में विश्वासघात की भी प्रवृत्ति पायी जाती है। इन्हें अपने जीवन में उन्नति का अच्छा अवसर प्राप्त हो सकता है, उससे कितना लाभ उठा पाते हैं यह उनकी क्षमता व प्रयास पर निर्भर है।

मित्र मूलांक	:	2, 4, 6, 8
शत्रु मूलांक	:	1, 5, 9
मित्र-शत्रु मिश्रित प्रभावी मूलांक	:	3, 7

मेषलग्न-मूलांक 7

ऐसे लोगों में सद्‌गुण के तत्त्व पाये जाते हैं। इनमें उत्थान की विशेष सम्भावना अन्तर्निहित रहती है।

मित्र मूलांक	:	1, 3, 5, 7
शत्रु मूलांक	:	2, 4, 6
मित्र-शत्रु मिश्रित प्रभावी मूलांक	:	8, 9

मेषलग्न-मूलांक 8

इनसे जीवन के कर्मशील होने की आशा की जा सकती है। ये जीवन में प्राय: संसार के सामान्य नियमों का पालन करते, व लाभमार्ग पर अग्रसर रह सकते हैं।

मित्र मूलांक	:	2, 4, 6, 8
शत्रु मूलांक	:	1, 5, 9
मित्र-शत्रु मिश्रित प्रभावी मूलांक	:	3, 7

मेषलग्न-मूलांक 9

इनका जीवन संघर्ष से भरा हो सकता है। विभिन्न कठिनाईयों से होकर जीवन में उन्नति का एक स्थान प्राप्त होता है। मन:स्थिति के बद्ध अथवा अनिश्चय में होने की स्थिति रह सकती है।

मित्र मूलांक	:	1, 3, 5, 7, 9
मित्र-शत्रु मिश्रित प्रभावी मूलांक	:	2, 4, 6, 8

सूर्य–मेषलग्न में सूर्य पञ्चमेश होने के कारण विशेष रूप से शुभफलप्रद होता है। अत: इसके वर्ण, अंक, दिशा, वार इत्यादि सभी शुभ, मित्र व अनुकूल माने जायेंगे। सूर्य का मित्र भावों (प्रथम, तृतीय, पञ्चम, सप्तम, नवम, एकादश), चतुर्थ व दशम में होना विशेष रूप से लाभप्रद रहता है। सूर्य के द्वितीय भाव में होने पर भी सम्बद्ध अंकादि अनुकूल ही माने जायेंगे। परन्तु सूर्य के षष्ठ, अष्टम या द्वादश भाव में रहने पर सम्बद्ध अंक वर्णादि आदि में उसी अनुरूप अशुभता आ जाती है, तथापि त्रिकोणेश के सर्वाधिक शुभ होने के कारण शुभता की भी स्थिति बनी रहती है। अर्थात् प्रभाव शुभाशुभ मिश्रित हो जाता है।

इन सभी बातों के साथ-साथ एक बात स्पष्ट रूप में अवबुद्ध कर लें कि जिस समय या जिन दिनों जिस ग्रह का जैसा शुभ या अशुभ प्रभाव पड़ रहा हो, उसके अंक, दिशा, वर्ण, वार आदि भी वैसा ही प्रभाव

प्रदर्शित करने लग जाते हैं। इसके अतिरिक्त यह भी है कि यदि सूर्य का शुभ प्रभाव मिल रहा हो तो इसका अर्थ यह नहीं है कि सभी मूलांक 3 वाले गृह आदि शुभद व अनुकूल हो जायेंगे, क्योंकि सूर्य जिस प्रकार के लक्षणों से युक्त हो तदनुकूल मूलांक 3 के गृह, कार्यालय आदि में सफलता प्राप्त होगी। तथा प्रत्येक रविवार पूर्णतया शुभ बीतेगा ऐसा भी न समझें, क्योंकि एकदिवसीय फलों में चन्द्रसंचार आदि अन्य कारक भी प्रभावी होते हैं। तात्पर्य यह है कि एक कारण, मुख्य रूप से भावेश होने के कारण, से जो शुभता या अशुभता उत्पन्न होती है वह नष्ट नहीं हो सकती, साथ ही उसकी पूर्ण रूप से फलप्राप्ति करवाने में अन्य तदनुकूल कारकों की सहायता आवश्यक है।

शुभ वार – रविवार

शुभ अंक – 3

शुभ दिशा – पूर्व

शुभ वर्ण – स्वर्णिम (स्वर्ण जैसा, पिघलते सोने के जैसा, सुनहला)। मध्याह्न के सूर्य से सूर्य के वर्ण का अनुमान करें, न कि सूर्यास्त या सूर्योदय काल के सूर्य से, जो कि गाढ़ा लाल जैसा होता है।

चन्द्रमा

मेष लग्न में चन्द्रमा की स्थिति :-

शुभ भाव स्थिति – मित्र भाव*, चतुर्थ, द्वितीय भाव में

अशुभ भाव स्थिति – त्रिक में

मध्यम स्थिति – दशम भाव में

---

* मित्र भाव का तात्पर्य है लग्न से प्रथम, तृतीय, पञ्चम, सप्तम, नवम, और एकादश भाव।

चन्द्रमा के वार सोमवार, वर्ण श्वेत, दिशा वायव्य (पश्चिमोत्तर) मूल अंक 4 इन सभी की किसी व्यक्ति के लिये शुभता या अशुभता चन्द्रमा के विभिन्न भावों में स्थितिवश होती है। उदाहरणतया चन्द्रमा के द्वितीय, तृतीय, पञ्चम आदि भावों में रहने पर उसके वर्णादि तत्त्व शुभद रहेंगे, परन्तु त्रिक में रहने पर अशुभ रहेंगे।

मेष लग्न में मंगल की स्थिति–

शुभ भात्र स्थिति	–	मित्र भाव, दशम भाव
अशुभ भाव स्थिति	–	त्रिक, चतुर्थ भाव
मिश्रित स्थिति	–	द्वितीय भाव

मंगल के वार मंगलवार, वर्ण रक्त (लाल), दिशा दक्षिण तथा मूलांक 5 की शुभाशुभता मंगल की जन्मकुण्डली में स्थिति के अनुसार समझें। साथ ही यह भी देखें कि अपने जन्मवार से मंगलवार की क्या स्थिति है, इसी प्रकार मूलांक 5 की स्थिति आपके जन्म मूलांक से क्या है, दोनों का निष्कर्ष तुलना से निकालें।

मेषलग्न में बुध की स्थिति–

शुभ भाव स्थिति	–	सभी मित्र भाव
अशुभ/मिश्रित भाव स्थिति	–	शिष्ट* सभी

मेष लग्न वालों के लिये बुध के वर्णादि तत्त्व शुभ नहीं माने जाते हैं। अतः बुध के मुख्यतः मात्र तृतीय भाव में स्वराशिस्थ होने पर ही अथवा मित्र भावों में होने पर भी बुधवार, उत्तरदिशा, मूलांक 9 और हरा वर्ण शुभ होंगे। यह फल मात्र इस शुभाशुभ-निर्धारण के लिये किया गया है, फलित ज्योतिष के दृष्टिकोण से बुध तृतीय से अन्य भी कई भावों में शुभ होता है।

* शिष्ट = शिष् धातु + तत प्रत्यय। अर्थात् बचा हुआ या बचे हुए। जो लोग सांसारिक छल-प्रपंच इत्यादि अशुभताओं से बचे हुए होते हैं उन्हें भी शिष्ट कहते हैं।

बृहस्पति

शुभ भाव स्थिति	–	मित्र भाव, चतुर्थ भाव
अशुभ भाव स्थिति	–	षष्ठ, अष्टम भाव
मिश्रित स्थिति	–	द्वितीय, दशम, द्वादश भाव में

बृहस्पति का वर्ण पीत (पीला), वार बृहस्पतिवार, दिशा ईशान (पूर्वोत्तर), व मूलांक है 7. शुभाशुभ भावस्थिति के अनुसार ही इन अधीनस्थ तत्त्वों का भी सम्बंध जानें।

शुक्र

शुभ	–	मित्र भाव, द्वितीय, चतुर्थ, दशम, द्वादश
अशुभ	–	षष्ठ, अष्टम भाव

शुक्र का वर्ण मध्यम श्वेत, दिशा आग्नेय (दक्षिण-पूर्व), वार शुक्रवार, मूल अंक 2 का भी इसी प्रकार फल जानें।

शनि

शुभ	–	त्रिक के अतिरिक्त अन्य सभी
मिश्रित	–	त्रिक

शनि का वर्ण नीला, दिन शनिवार, दिशा पश्चिम व मूलांक 8.

राहु/केतु–(मेष से मीन तक सभी लग्नों में राहु/केतु का ऐसा ही फल समझें)

अशुभ	–	त्रिक भाव
मिश्रित/अनुकूल	–	शिष्ट सभी

यह निर्देश मात्र अंकादि शुभाशुभ-निर्धारण हेतु है, जन्मफल-विचार में राहु/केतु की स्थिति किसी भी भाव में और किसी भी ग्रह के साथ हो, वे दोनों उन सम्बद्ध भाव व ग्रह दोनों को विशेष दूषित करते हैं। तृतीय या एकादश भाव में रह अपनी दशा में लाभकारी हो सकते हैं।

वर्ण-काला, वार कोई नहीं, तथापि शनिवार के दिन इन दोनों के कार्य किये जा सकते हैं, दिशा-नैर्ऋत्य (दक्षिण-पश्चिम), मूलांक राहु का 6 तथा केतु का 1.

वृष लग्न

वृष लग्न का स्वामी शुक्र होता है। इस लग्न के व्यक्ति प्राय: शान्त व स्थिर स्वभाव के, तथा बैल की भाँति एक दिशा या लक्ष्य बना कार्यरत रहते हैं। वृष एक स्थिर व भूमि तत्त्व की राशि है जिसका स्पष्ट प्रभाव वृषलग्न पर रहता है। इनमें न तो विशेष भावुकता होती है और न ही अध्यात्म या सत्य के प्रति किसी विशेष प्रेरणा का भाव। इनकी सांसारिकता का भाव अन्य सभी लग्नों से अधिकतर होता है। विभिन्न कलाओं में इनकी रुचि हो सकती है। इनका गृहस्थ जीवन प्राय: सामान्य व्यक्तियों की भाँति शान्ति से आगे बढ़ता जाता है। भाग्योदय होने में कुछ विलम्ब हो सकता है। विद्या के क्षेत्र में इनका लगाव सामान्यत: अच्छा रहता है।

वृष लग्न के सभी मूलांकों में जन्मे व्यक्तियों के लिये बिना ग्रहस्थिति का विचार किये सामान्य रूप से शुभ अंक, वर्ण, दिशा आदि:-

दिशा	:	पूर्व, पश्चिम, उत्तर, वायव्य कोण
वर्ण	:	हरा, नीला, श्वेत
मूलांक	:	4, 8, 9 तथा 3
वार	:	शनिवार, बुधवार, सोमवार, तथा रविवार भी
जन्म लग्न	:	वृष, कर्क, सिंह, कन्या, वृश्चिक, मकर, मीन (तथा कुम्भ)

राहु का मूलांक 6 तथा केतु का 1 त्रिक में इन दोनों ग्रहों के रहते शुभ नहीं रहता है। इसी प्रकार अन्य ग्रहों के सम्बद्ध तत्त्व ग्रहों के त्रिक में रहते शुभत्व में न्यूनता लाते हैं।

वृषलग्न वालों के लिये अंक 2 में षष्ठेश शुक्र की शत्रुता अधिकतर समायी रहती है, इसी प्रकार अंक 7 में विरुद्ध प्रकृति का अशुभत्व तथा अंक 5 में विरोध के स्वर। तथापि ये जन्ममूलांक होने पर साथ-साथ शुभता भी धारण कर लेते हैं, जिससे एक नये आरम्भ की संभावना बनती है।

वृष को वृषभ भी कहा जाता है। जिस प्रकार स्त्रियों का शरीर पुरुषों से शक्ति, सामर्थ्य आदि के दृष्टिकोण से प्राकृतिक रूप से दुर्बलतर होता है, और पुरुषों की सहायता पर निर्भर रहना एक ऐतिहासिक तथ्य भी है, इसी प्रकार समांकीय लग्न भी विषमांकीय लग्नों से इस प्रमुख कारण से दुर्बलतर होते हैं कि समांकीय लग्नों में ग्रहों की मूल त्रिकोण या मुख्य राशि मित्र भावों में नहीं पड़ती है (केवल चन्द्रमा के अतिरिक्त)। इसका अर्थ यह है कि ग्रहों का बल समांकीय लग्नों के अधिकतर विरोध में चला जाता है, और साधारण राशियों के थोड़े बल से ही इन लग्न वालों का जन्मकुण्डलीय संसार बसता है। यही स्वाभाविक प्राकृतिक स्थिति है। ग्रहों की समराशि में स्वराशि स्थिति, समराशि में उच्च स्थिति आदि से स्त्री लग्न वाले भी बली हो सकते हैं। ग्रह यदि अपनी दो राशियों में से अपनी समराशि अर्थात् साधारण राशि में स्वराशिस्थ हो तो वह फल प्रदान करने में अपनी समराशि का विशेष ध्यान रखेगा।* मात्र चन्द्रमा की मूल त्रिकोण राशि अर्थात् कर्क राशि स्त्री लग्न वालों के मित्र भाव में पड़ती है, यतः चन्द्रमा का बली होना इन लग्नवालों की बलवत्ता के विभिन्न कारकों में से एक कारक के रूप में आवश्यक होगा।

---

* तथापि मूलत्रिकोण या मुख्य राशि का बल यथावत् रहता है।

स्त्री लग्नों में अधिकतर ग्रहों की मुख्य राशियों के त्रिक में अथवा मित्रेतरभावों* में पड़ने से सम्बंधित मूलांक, वर्ण, दिशा, वार आदि भी अशुभ या विरोधी हो जाते हैं। यह वास्तविकता है, और स्त्रीलग्न वालों की इस दुर्बलता को हमें स्वीकार करना होगा। इस लग्न में शुक्र, बृहस्पति व मंगल आदि के मूलांक, वर्ण, दिशा, वार आदि भी अशुभ या विरोधी हो जाते हैं। यह वास्तविकता है, और स्त्री लग्न वालों की इस दुर्बलता को हमें स्वीकार करना होगा। इस लग्न में शुक्र, बृहस्पति व मंगल के मूलांक 2, 7, व 5 सामान्यतः विरोधी ही माने जायेंगे। चूंकि मंगल केन्द्रेश भी है, अतः यदि वह त्रिकोण में स्थित हो या त्रिकोणेश के संग योगकारक सम्बन्ध बना रहा हो तो इसका मूलांक 5 कुछ शुभफल भी दे सकता है। अच्छी ग्रहस्थिति से ये मूलांक शुभद भी हो सकते हैं, परन्तु प्राकृतिक शत्रुता नहीं जायेगी।

ब्राह्मण जाति का लग्न धनु होता है, अतः वृष लग्न वालों के लिये ब्राह्मण जाति के लोग प्रकृति से शत्रु होते हैं, उनसे किसी प्रकार का हित-साधन होना संयोग की ही बात होती है।

इस लग्न के लिये भावस्थिति के अनुसार विभिन्न ग्रहों के मात्र मूलांक आदि की शुभता/अशुभता का निर्धारण इस प्रकार करें-

सूर्य

शुभ	–	मित्र भाव, चतुर्थ
अशुभ	–	षष्ठ, अष्टम
मिश्रित	–	द्वितीय, दशम, द्वादश

सूर्य का वर्ण स्वर्णिम, वार रविवार, दिशा पूर्व, मूल अंक 3.

* इतर का अर्थ होता दूसरा या भिन्न। अतः मित्रेतर भावों का अर्थ हुआ मित्र भावों के अतिरिक्त शिष्ट छः भाव। त्रिकेतर=त्रिक के अतिरिक्त शिष्ट नौ भाव।

चन्द्र

शुभ – सभी त्रिकेतर भाव

अशुभ/मिश्रित – त्रिक भाव

चन्द्रमा का मूलांक 4, वर्ण श्वेत, वार सोमवार, दिशा वायव्य।

चन्द्रमा के विभिन्न अधीनस्थ तत्त्वों की शुभता वृष लग्न वालों को स्थायी रूप से प्राप्त है।

मंगल

शुभ – त्रिकोण, सप्तम। एकादश-मिश्रित

मंगल का मूलांक 5, वार मंगलवार, दिशा दक्षिण, वर्ण रक्त (लाल)।

बुध

शुभ – त्रिकेतर सभी स्थान

मिश्रित – त्रिक

बुध का मूलांक 9, वार बुधवार, दिशा उत्तर, वर्ण हरा।

बृहस्पति

शुभ – एकादश

मिश्रित – तृतीय

अशुभ – अन्य सभी भावों में

बृहस्पति का मूलांक 7, दिशा पूर्वोत्तर, वर्ण-पीत।

शुक्र

शुभ – लग्न

मिश्रित – नवम व एकादश

शुक्र का मूलांक 2, दिशा-आग्नेय, वर्ण-श्वेतश्याममिश्रित

शनि

अशुभ/मिश्रित – द्वादश भाव

शुभ – शिष्ट सभी भाव

शनि का मूलांक 8, वर्ण-नीला, दिशा-पश्चिम

राहु/केतु-जैसा मेषलग्न में बताया गया है।

मिथुन लग्न

मिथुन लग्न का स्वामी बुध, स्वभाव चरस्थिर-मिश्रित तथा तत्त्व पार्थिव है। बुध की प्रवृत्ति विनोदयुक्त मानी गयी है जिसके स्पष्ट लक्षण मिथुन लग्न वालों में पाये जाते हैं। अतः ये अभिनय, हास्य-प्रस्तुति आदि में निपुण होते हैं। इनके स्वभाव की चर व स्थिर द्विविध प्रकृति इन्हें विविध क्षेत्रों में कुशलता प्रदान कर सकती है। गणितीय क्षेत्रों में ये आगे रह सकते हैं। वणिक् की भांति ये पर्याप्त चतुरता से जीवन के विविध कार्यों को सम्पादित करते हैं। सेक्स में इनकी प्रगाढ़ रुचि होती है या ऐसी बातें इन्हें बहुत प्रसन्न करती हैं।

मिथुन लग्न के सभी मूलांकों के लिये, ग्रहस्थिति का विचार किये बिना, सामान्य रूप से शुभ वर्ण, अंक आदि का विवरण-

शुभ वर्ण – हरा, श्वेत, सुनहला, पीला

शुभ दिशा – उत्तर, वायव्य कोण, पूर्व, ईशान

शुभ वार – रविवार, बुधवार, बृहस्पति, शुक्रवार

शुभ मूलांक - 2, 3, 4, 7, 9

जन्म मूलांक	शुभ मूलांक	शत्रु मूलांक	मिश्रित प्रभाव
1, 3, 5, 7, 9	1, 3, 5, 7, 9	4, 6, 8	2
2, 4, 6, 8	2, 4, 6, 8	1, 5	3, 7, 9

राहु व केतु के अंक 6 व 1 की शुभता/अशुभता भावस्थिति से परिवर्तित हो सकती है।

केवल मूलांक, वर्ण आदि के निर्धारण की दृष्टि से सात ग्रहों की मिथुन लग्न की कुण्डली में स्थिति :-

सूर्य

शुभ : सभी त्रिकेतर भाव

अशुभ/मिश्रित : त्रिक

चन्द्र

शुभ : द्वितीय, सभी मित्रभाव

अशुभ : त्रिक

मिश्रित : चतुर्थ, दशम

मंगल

शुभ : सभी मित्र भाव

अशुभ : द्वितीय, षष्ठ, द्वादश

मिश्रित : अष्टम, चतुर्थ, दशम

बुध

शुभ : सभी त्रिकेतर भाव

अशुभ/मिश्रित : त्रिक

बृहस्पति

शुभ : सभी त्रिकेतर भाव

अशुभ/मिश्रित : त्रिक

शुक्र

शुभ	:	सभी त्रिकेतर भाव
अशुभ	:	षष्ठ, अष्टम
मिश्रित	:	द्वादश

शनि

शुभ	:	त्रिकोण, सप्तम, तृतीय, चतुर्थ, दशम
अशुभ	:	त्रिक
मिश्रित	:	एकादश, द्वितीय

कर्क लग्न

कर्क लग्न का स्वामी चन्द्रमा है। इस लग्न का स्वभाव चर व तत्त्व जल है। जातक प्राय: भावुक स्वभाव का होता है। विभिन्न स्थानों की यात्रा करना इनके स्वभाव में होता है, अर्थात् ये यात्रा करने से घबड़ाते नहीं। जल इन्हें प्रिय होता है। इनके जीवन की किशोरावस्था ही इनके भाग्य का निर्माण करना आरब्ध कर देती है। ये सिद्धान्तवादी होते हैं तथा जीवन में एक लक्ष्य बनाये रखना इनकी प्रथम अभिरुचि हो सकती है। गृहस्थजीवन व प्रेम के क्षेत्र मे इन्हें कुछ दु:ख का सामना कर पड़ जा सकता है। इन्हें सामान्य सामाजिक व कार्यालयीय कार्यों से लेकर सेना व पुलिस तक के कार्यों में सफलता प्राप्त हो सकती है। सन्तानपक्ष से इनका लगाव होता है, तथा सन्तानपक्ष भी इनके लिये सुखप्रद हो सकता है। आर्थिक स्थिति के दु:खद होने पर भी ये साहस नहीं छोड़ते, तथा प्रयासरत हो अपने को समृद्ध बनाते।

बिना ग्रहस्थिति का विचार किये कर्क लग्न के सभी मूलांकों में जन्म लेने वालों के शुभ वार, अंक, दिशा आदि :-

शुभ वार	:	सोमवार, मंगलवार, शुक्रवार (तथा बृहस्पतिवार केवल धार्मिक दृष्टिकोण से)

शुभ अंक : 2, 4, 5 (तथा 3 भी)

शुभ दिशा : वायव्य कोण, दक्षिण, आग्नेय कोण, (तथा पूर्व भी)

शुभ वर्ण : श्वेत, लाल, स्वर्णिम

जन्म मूलांक	मित्र मूलांक	शत्रु मूलांक	मिश्रित प्रभावी मूलांक
1, 3, 5, 7, 9	1, 3, 5, 7	6, 8	9, 2, 4
2, 4, 6, 8	2, 4, 6, 5	1, 3, 7, 9	8

केवल मूलांक, वर्णादि के निर्धारण की दृष्टि से सात ग्रहों की कर्क लग्न में भावस्थितिः-

सूर्य

शुभ : त्रिक व चतुर्थ भाव छोड़कर अन्य सभी भाव

अशुभ : त्रिक व चतुर्थ भाव। अंक 3, दिशा-पूर्व, वर्ण-स्वर्णिम, वार-रविवार

चन्द्र

शुभ : त्रिकेतर सभी भाव

मिश्रित : त्रिक

मंगल

शुभ : सभी भावों में

मंगल किसी भी भाव में हो, इसके अंक 5, दिशा-दक्षिण, वार-मंगलवार, वर्ण-रक्त (लाल) आदि शुभ ही रहेंगे, तथापि त्रिक में रहने पर कुछ न्यूनता अवश्य आयेगी।

बुध

शुभ	:	तृतीय
मिश्रित	:	पञ्चम, एकादश

बुध के मात्र इन तीन भावों में रहने पर इसके अंक 9, वर्ण-हरा, दिशा उत्तर आदि अनुकूल रहेंगे, अन्यथा नहीं।

बृहस्पति

शुभ	:	नवम, लग्न।
मिश्रित	:	चतुर्थ, दशम, पञ्चम। शेष अशुभ।

बृहस्पति की मुख्य राशि धनु के षष्ठ भाव में होने के कारण इसके मूलांक-7, दिशा-ईशान, वर्ण-पीत, आदि सामान्यतः कर्क लग्नवालों के लिये विरोधी होते हैं, परन्तु यदि बृहस्पति, नवम भाव या लग्न में हो अथवा किसी केन्द्र में हो, तो, अथवा यदि मंगल से संबंधित हो तो और भी अच्छे शुभ फल हो सकते हैं।

शुक्र

शुभ	:	सभी त्रिकेतर भाव
अशुभ	:	त्रिक

शनि

शुभ	:	सप्तम भाव
मिश्रित	:	त्रिकोण, चतुर्थ
अशुभ	:	अन्य सभी

शनि यदि मंगल या बृहस्पति या दोनों के संग हो तो इसमें शुभत्व भी आ जाता है। कर्क लग्नवालों के लिये सामान्यतः बृहस्पति, शनि व बुध के मूलांक क्रमशः 7,8 व 9 विरोधी होते हैं।

सिंह लग्न

सिंह लग्न का स्वामी सूर्य है। इस लग्न के व्यक्तियों का स्वभाव स्थिर होता है जिससे ये किसी एक कार्य में अधिक समय लगे रह सकते हैं। इनमें उत्थानप्रद सूर्य की शक्ति निहित रहती है, अब यह इनपर निर्भर होता है कि ये उस शक्ति का उपयोग करते अथवा सांसारिकता में बस बुद्धू की भांति भटकते रहते। इनमें प्रशासनिक क्षमता रहती है, अतः यदि बुद्धिमत्तापूर्वक परीक्षा के लिये योग्यता निर्माण करें तो उच्च पदस्थता प्राप्त हो सकती है। ये औषधिविज्ञान के क्षेत्र में, चिकित्सक आदि के कार्य में भी संलग्न हो सकते हैं।

ग्रहस्थिति का विचार किये बिना सिंह लग्न के सभी मूलांको में जन्म लेने वालों के लिये शुभ वर्ण, दिशा आदि निरूपण :-

शुभ वार : रविवार, मंगलवार, बुधवार, शुक्रवार

शुभ दिशा : पूर्व, उत्तर, दक्षिण, आग्नेयकोण

शुभ अंक : 2, 3, 5, 7, 9

शुभ वर्ण : स्वर्णिम, लाल, हरा

जन्म मूलांक	मित्र मूलांक	शत्रु मूलांक	मिश्रित प्रभावी मूलांक
1, 3, 5, 7, 9	1, 3, 5, 7, 9	4, 6, 8	2
2, 4, 6, 8	2, 6, 8, 5	1, 4	3, 7, 9

राहु/केतु के त्रिक मे रहने पर इनके मूलांक सदा शत्रु ही रहेंगे।

केवल मूलांक, वर्ण आदि के निर्धारण के दृष्टिकोण से सात ग्रहों की विभिन्न भावों में स्थिति:-

सूर्य

शुभ : सभी त्रिकेतर भाव

अशुभ/मिश्रित : त्रिक

चन्द्रमा : चन्द्रमा के मूलांक आदि सभी स्थितियों में न्यूनाधिक रूप से अशुभ ही होते हैं।

मंगल : मंगल के मूलांकादि प्राय: सभी स्थितियों में शुभ होते हैं, केवल द्वादश में नीचस्थ होने के कारण कुछ न्यूनता हानिकारक रूप में हो जाती है।

बुध : केवल त्रिक में अशुभ, अन्यत्र सभी भावों में शुभ।

बृहस्पति : केवल षष्ठ भाव में अशुभ, अन्यत्र शुभ

शुक्र : त्रिक में मिश्रित, अन्यत्र सर्वत्र शुभ।

शनि : मित्र भावों में शुभ, अन्यत्र अशुभ/मिश्रित।

कन्या लग्न

कन्या लग्न का स्वामी बुध है। यह लग्न द्विस्वभाव का अर्थात् चर और स्थिर मिश्रित स्वभाव रखता है, जिससे इस लग्न का मनुष्य स्थिरतापूर्वक एक स्थान पर बैठकर तथा यात्रापूर्वक भ्रमण करते हुए, इन दोनों प्रकार के कार्य सम्पन्न करने की क्षमता रखता है। ये बुद्धिमान् होते हैं। गणितविद्या में इनको विशेष सफलता मिल सकती है। इनके व इनके पिता के मध्य कार्यक्षेत्र व स्वभाव में किसी प्रकार का साम्य ढूँढ़ा जा सकता है। वैवाहिक जीवन प्राय: सामान्य रूप से बीतता है। ये धर्मकर्म में रुचि लेने वाले हो सकते हैं। धन अर्जित व संग्रह करने में इनकी विशेष रुचि होती है।

जन्मकुण्डली की ग्रहस्थिति का बिना विचार किये कन्या लग्न के सभी मूलांक वालों के लिये सामान्य रूप से शुभ, वर्ण, अंक आदि+-

दिशा : उत्तर, वायव्यकोण, अग्निकोण, ईशान कोण

वर्ण : हरा, श्वेत, पीला

अंक : 2, 4, 7, 9

वार : सोमवार, बुधवार, बृहस्पतिवार, शुक्रवार

जन्म मूलांक	मित्र मूलांक	शत्रु मूलांक	मिश्रित प्रभावी मूलांक
1, 3, 5, 7, 9	1, 7, 9	3, 6, 8	2, 4, 5
2, 4, 6, 8	2, 4, 6, 8	1, 3, 5	7, 9

इस लग्न के लिये भावस्थिति के अनुसार विभिन्न ग्रहों के मूलांक, वार आदि की शुभता/अशुभता का निर्धारण इस प्रकार करें-

सूर्य : सर्वत्र अशुभ

चन्द्र : शुभ : त्रिकेतर सभी भाव। केवल त्रिक में मिश्रित प्रभाव।

मंगल : शुभ : तृतीय। मिश्रित - पञ्चम। अन्यत्र अशुभ

बुध : शुभ : केवल त्रिक में अशुभ या मिश्रित, अन्यत्र शुभ।

बृहस्पति : त्रिक में अशुभ/मिश्रित, अन्यत्र शुभ

शुक्र : त्रिक में मिश्रित, अन्यत्र सर्वत्र शुभ।

शनि : केवल त्रिक में अशुभ, अन्यत्र शुभ।

तुला लग्न

तुला लग्न का स्वामी शुक्र है। इस लग्नराशि का स्वभाव चर तथा तत्त्व वायु है। दैत्यगुरु शुक्र के प्रभाव से तुला लग्न के व्यक्ति सांसारिक बातों में विशेष रस लेने वाले तथा ऐसे ही लोगों के प्रेमी होते हैं। सामान्यतः अध्यात्म इनके आँखों से अदृश्य होता है, परन्तु विषमांकीय लग्नवाले होने के कारण ये प्रयासपूर्वक आन्तरिक शक्ति जागृत कर सकते हैं। सन्तानपक्ष एवं घर-परिवार से इनका विशेष लगाव होता है। इनका कार्य चर अर्थात् स्थान परिवर्तन करते रहने अथवा एक स्थान पर बैठकर ही करते न रहने की प्रवृत्ति वाला हो सकता है। कला के क्षेत्र में ये प्रगति कर सकते हैं। गृहस्थ जीवन इनका सुखद बीतता है।

बिना जन्मकुण्डलीय ग्रहस्थिति का विचार किये तुलालग्न के सभी मूलांक वालों के लिये सामान्य रूप से शुभ अंक, दिशा, वर्ण इत्यादिः-

दिशा : पश्चिम, पूर्व, दक्षिण, वायव्य कोण

वार : रविवार, मंगलवार, बुधवार, शनिवार

वर्ण : नीला, स्वर्णिम, लाल (तथा हरा भी)

मूलांक : 3, 5, 8, 9

जन्म मूलांक	मित्र मूलांक	शत्रु मूलांक	मिश्रित प्रभावी मूलांक
1, 3, 5, 7, 9	1, 3, 5, 9, 8	2, 4, 6	7
2, 4, 6, 8	2, 4, 6, 8	1, 7	3, 5, 9

राहु/केतु यदि त्रिक में हों तो इनके अंक कभी भी शुभ न होंगे।

इस लग्न के लिये भावस्थिति के अनुसार विभिन्न ग्रहों के मूलांक आदि की शुभता/अशुभता का निर्धारण इस प्रकार करें–

सूर्य	:	केवल त्रिक में मिश्रित, अन्यत्र शुभ।
चन्द्र	:	मित्र भावों व दशम भाव में शुभ, केवल त्रिक में अशुभ। अन्यत्र मिश्रित।
मंगल	:	त्रिक के अतिरिक्त अन्यत्र सर्वत्र शुभ।
बुध	:	अष्टम व षष्ठ भाव के अतिरिक्त अन्यत्र शुभ।
बृहस्पति	:	मित्र भावों, दशम भाव में शुभ, अन्यत्र अशुभ/मिश्रित
शुक्र	:	त्रिक में अशुभ, अन्यत्र सर्वत्र शुभ।
शनि	:	सर्वत्र शुभ।

वृश्चिक लग्न

वृश्चिक लग्न का स्वामी मंगल है। इसका लग्नराशि का स्वभाव स्थिर है तथा तत्त्व जलीय है। इस लग्न के जातक स्वभाव से थोड़े चिड़चिड़े या झगड़ालु हो सकते हैं। इनकी खाने-पीने में कुछ अधिक ही रुचि हो सकती है। स्वभाव अधिकतर सांसारिक बातों में ही भ्रमण करते रहने का होता है, तथापि समांकीय लग्नों के मध्य मात्र वृश्चिक लग्न में ही सबसे अधिक संभावना रहती है आध्यात्मिकता से जुड़ने की। ये लोग अपनी शक्ति का दुरुपयोग भी करने की प्रवृत्ति रखनेवाले हो सकते हैं।

बिना जन्मकुण्डलीय ग्रहस्थिति का विचार किये वृश्चिक लग्न के सभी मूलांक वालों के लिये सामान्य रूप से शुभ अंक, दिशा आदि :-

अंक	:	4, 7, 8, 3
दिशा	:	पूर्व, पश्चिम, वायव्य, ईशान
वार	:	सोमवार, बृहस्पति, शनि, रविवार
वर्ण	:	पीला, नीला, श्वेत, स्वर्णिम

जन्म मूलांक	मित्र मूलांक	शत्रु मूलांक	मिश्रित प्रभावी मूलांक
1, 3, 5, 7, 9	4, 7, 3, 1	2, 6, 8	5, 9, 8
2, 4, 6, 8	4, 6, 8	1, 3, 5, 9	2, 7

इस लग्न के लिये भावस्थिति के अनुसार विभिन्न ग्रहों के मूलांक आदि की शुभता/अशुभता का निर्धारण इस प्रकार करें–

सूर्य : द्वादश व अष्टम में अशुभ, षष्ठ में मिश्रित, अन्यत्र शुभ।

चन्द्र : सर्वत्र शुभ।

मंगल : लग्न, तृतीय, पञ्चम व लाभ भाव में मिश्रित, अन्यत्र अशुभ।

बुध : एकादश भाव में शुभ, अन्यत्र अशुभ/मिश्रित।

बृहस्पति : त्रिक में कुछ न्यूनता, अन्यत्र शुभ।

शुक्र : पञ्चम व सप्तम में शुभ, अन्यत्र यदि त्रिकोणेश में संबंधित हो तो इसमें कुछ शुभता आ जाती है, अन्यथा अशुभ।

शनि : त्रिक में अशुभ, अन्यत्र शुभ।

वृश्चिक लग्न में सामान्यतः मंगल, बुध व शुक्र के मूलांक क्रमशः 5, 9 व 2 विरोधी माने जायेंगे।

धनु लग्न

धनु लग्न का स्वामी बृहस्पति है। इस लग्नराशि का स्वभाव द्विस्वभाव तथा तत्त्व अग्नि है। कुछ समय पूर्व तक प्रायः अधिकतर धनु लग्नवाले गेहुँआ रंग वाले गोरे होते थे, परन्तु अब इस गोरापन पर कुछ कालापन छाने लगा है, जैसा कि देखने में आ रहा है। इनसे धार्मिकता की सर्वाधिक आशा की

जा सकती है, परन्तु आज के कलियुग में मनुष्यत्व की परिभाषा में से 'धार्मिकता' शब्द संभवतः निकल गया है। इनका पारिवारिक जीवन प्रायः मध्यम मान से सुखद ही बीतता है। भूगोल व भूमि या कृषि से सम्बद्ध क्षेत्रों में, तथा बैंकिंग आदि आर्थिक क्षेत्रों में अध्ययन में विशेष सफलता मिल सकती है।

बिना जन्मकुण्डलीय ग्रहस्थिति के विचार के धनु लग्न के सभी मूलांकों के लिये शुभ, अंक, दिशा इत्यादिः-

दिशा : ईशान, पूर्व, उत्तर, पश्चिम

अंक : 3, 5, 7, 8, 9

वर्ण : पीला, स्वर्णिम, लाल, हरा, नीला

वार : रविवार, मंगल, बुध, बृहस्पति, शनिवार

जन्म मूलांक	मित्र मूलांक	शत्रु मूलांक	मिश्रित प्रभावी मूलांक
1, 3, 5, 7, 9	1, 3, 5, 7, 9	2, 4, 6	8
2, 4, 6, 8	2, 4, 6, 8, 3	4, 1	5, 7, 9

इस लग्न के लिये भावस्थिति के अनुसार विभिन्न ग्रहों के केवल मूलांक, वार आदि की शुभता/अशुभता का निर्धारण इस प्रकार करें-

सूर्य : सर्वत्र शुभ। त्रिक में कुछ न्यूनता।*

चन्द्र : सर्वत्र अशुभ।

मंगल : त्रिक में अशुभ, अन्यत्र शुभ।

बुध : केवल त्रिक में अशुभ/मिश्रित, अन्यत्र शुभ।

* न्यून = Less

बृहस्पति : षष्ठ, द्वादश व द्वितीय में अशुभ/मिश्रित, अन्यत्र शुभ।

शुक्र : त्रिक व दशम में अशुभ/मिश्रित, अन्यत्र सर्वत्र शुभ।

शनि : त्रिक में अशुभ/मिश्रित, अन्यत्र शुभ।

मकर लग्न

मकर लग्न का स्वामी शनि है। इस लग्नराशि का स्वभाव चर तथा तत्त्व भूमि है। इस लग्न के जातक प्रायः सभ्य एवं अध्ययनशील पाये जाते हैं। वैसे कितने ही ऐसे न होंगे तथापि उनकी आन्तरिक प्रवृत्ति ऐसी हो सकती है। इनकी दृष्टि मानवतावादी हो सकती है। सन्तानपक्ष से इन्हें प्रेम होता है तथा गृहस्थजीवन प्रायः सुखद बीतता है।

बिना जन्मकुण्डलीय ग्रहस्थिति के विचार के मकर लग्नवालों के लिये सामान्य रूप से शुभ दिशा, वर्ण, अंक आदिः-

दिशा : पश्चिम, दक्षिण, अग्निकोण, वायव्य

मूलांक : 2, 4, 5, 8

वार : सोमवार, मंगल, शुक्र, शनिवार

वर्ण : नीला, श्वेत, लाल

जन्म मूलांक	मित्र मूलांक	शत्रु मूलांक	मिश्रित प्रभावी मूलांक
1, 3, 5, 7, 9	1, 5, 9, 2, 4	3, 6	7, 8
2, 4, 6, 8	2, 4, 6, 8	1, 3, 7, 9	5

मकर लग्न में सामान्यतः सूर्य व बृहस्पति के मूलांक क्रमशः 3 व 7 अशुभ और विरोधी होते हैं। अच्छी ग्रहस्थिति से उनमें शुभता भी आ जायेगी, परन्तु स्वाभाविक शत्रुता नहीं जायेगी।

इस लग्न के लिये भावस्थिति के अनुसार विभिन्न ग्रहों की शुभता/अशुभता का निर्धारण इस प्रकार करें-

सूर्य : सर्वत्र अशुभ

चन्द्र : त्रिक में मिश्रित, अन्यत्र शुभ।

मंगल : त्रिक में मिश्रित, अन्यत्र शुभ।

बुध : मित्र भावों, केन्द्र में शुभ, अन्यत्र अशुभ।

बृहस्पति : तृतीय में शुभ, सप्तम में मिश्रित, अन्यत्र अशुभ।

शुक्र : सर्वत्र शुभ, त्रिक में कुछ न्यूनता।

शनि : त्रिक में अशुभ/मिश्रित, अन्यत्र शुभ।

कुम्भ लग्न

कुम्भ लग्न का स्वामी शनि है। इस लग्नराशि का स्वभाव स्थिर तथा तत्त्व वायु है। कुम्भ लग्न वालों में भगवती दुर्गा की आराधना करने वाले तथा चोर-डकैत भी पर्याप्त संख्या में पाये जाते थे। अब आजकल धार्मिकता की वह स्थिति तो रही नहीं, परन्तु द्वितीय स्थिति बनी रह सकती है। इस लग्न में वैज्ञानिक अन्वेषण की प्रवृत्ति भी पायी जाती है। चन्द्रमा के षष्ठेश होने से इन जातकों में मानसिक असन्तुलन या विक्षिप्तता के लक्षण भी न्यूनाधिक रूप से पाये जा सकते हैं।

जन्मकुण्डली में ग्रहस्थिति का विचार किये बिना सामान्य रूप से कुम्भ लग्न के सभी मूलांकों के लिये शुभ अंक, वर्ण आदिः-

दिशा : पूर्व, दक्षिण, ईशान, अग्निकोण

वर्ण : पीला, लाल, स्वर्णिम

वार : रविवार, मंगल, बृहस्पति, शुक्रवार

मूलांक : 2, 3, 5, 7

जन्म मूलांक	मित्र मूलांक	शत्रु मूलांक	मिश्रित प्रभावी मूलांक
1, 3, 5, 7, 9	1, 3, 5, 7, 9, 2	4, 6, 8	–
2, 4, 6, 8	2, 6, 8	4, 1	3, 5, 7, 9

इस लग्न के लिये भावस्थिति के अनुसार विभिन्न ग्रहों की शुभता/अशुभता का निर्धारण इस प्रकार करें–

सूर्य : त्रिक में मिश्रित, अन्यत्र शुभ।

चन्द्र : सर्वत्र अशुभ।

मंगल : षष्ठ व अष्टम में अशुभ, द्वादश में मिश्रित। अन्यत्र शुभ।

बुध : त्रिक में अशुभ, अन्यत्र शुभ।

बृहस्पति : अष्टम व द्वादश में अशुभ, अन्यत्र शुभ। षष्ठ में मिश्रित।

शुक्र : केवल अष्टम में मिश्रित, अन्यत्र सर्वत्र शुभ।

शनि : तृतीय के अतिरिक्त मित्र भावों में शुभ, अन्यत्र अशुभ।

मीन लग्न

मीन लग्न का स्वामी बृहस्पति है। इस लग्नराशि का स्वभाव द्विस्वभाव तथा तत्त्व जलीय है। बृहस्पति व सूर्य के कुत्सित पक्ष के रूप में इस लग्न के जातकों में अहंकार की भावना और धर्म के नाम पर दिखावा ही होता है। ये आधुनिक विद्याओं के प्रति विशेष रुचि रखने वाले हो सकते हैं। इनके स्वभाव व व्यवसाय आदि में इनके पिता से कुछ साम्य हो सकता है। इस लग्न के लोगों में एक उत्कृष्ट उदाहरण रवीन्द्रनाथ ठाकुर का है।

जन्मकुण्डलीय ग्रहस्थिति का विचार किये बिना सामान्य रूप से मीन लग्न के सभी मूलांकों में जन्मे व्यक्तियों के शुभ अंक आदि: -

अंक : 4, 5, 7, 9

वार : सोमवार, मंगल, बुध, बृहस्पतिवार

दिशा : वायव्य, दक्षिण, उत्तर, ईशान

वर्ण : पीला, लाल, श्वेत, हरा

जन्म मूलांक	मित्र मूलांक	शत्रु मूलांक	मिश्रित प्रभावी मूलांक
1, 3, 5, 7, 9	1, 5, 7, 9, 4	3, 2, 6, 8	--
2, 4, 6, 8	4, 6	1, 3	2, 8, 5, 7, 9

इस लग्न के लिये भावस्थिति के अनुसार विभिन्न ग्रहों की शुभता/अशुभता का निर्धारण इस प्रकार करें-

सूर्य : सर्वत्र अशुभ।

चन्द्र : सर्वत्र शुभ, त्रिक में कुछ न्यूनता।

मंगल : त्रिक में मिश्रित, अन्यत्र शुभ।

बुध : त्रिक में अशुभ, अन्यत्र शुभ।

बृहस्पति : त्रिक में अशुभ, अन्यत्र शुभ।

शुक्र : लग्न में मिश्रित, तृतीय में शुभ, अन्यत्र अशुभ।

शनि : केवल एकादश में शुभ, अन्यत्र अशुभ/मिश्रित।

सामान्यतः सूर्य, शुक्र और शनि के मूलांक क्रमशः 3, 2 और 8 मीन लग्न में विरोधी माने जायेंगे, शुभ ग्रहस्थिति से इनमें शुभता भी आ जा सकती है परन्तु स्वाभाविक शत्रुता नहीं जायेगी।

समलग्न वालों (वृष, कर्क, कन्या, वृश्चिक, मकर, मीन) की कुण्डली में शुभ मूलांक आदि कैसे निर्धारित करें :-

उदाहरण कुण्डली पृष्ठ 36 पर देखें। वृष लग्न की इस कुण्डली में षष्ठ, अष्टम व द्वादश भाव में क्रमशः शुक्र, बृहस्पति व मंगल की मुख्य राशियाँ हैं। अतः मूलांक 2,7 व 5 वृष लग्नवालों के लिये कभी भी मित्र अंक नहीं हो सकते। ये शत्रु अंक हैं और शत्रु ही रहेंगे। परन्तु मूलांकेश की शुभ व योगकारक ग्रहों से संबंध आदि की स्थिति में इन अंकों में शुभफलप्रदता भी आ जायेगी, और जातक इन अंकों से सम्बद्ध क्षेत्रों में यथासमय लाभ प्राप्त कर सकता है। परन्तु यह लाभप्राप्ति शत्रुओं के मध्य लाभप्राप्ति होगी, क्योंकि ग्रह स्वभावतः स्थिर रूप से अपनी मुख्य राशियों में प्रभावी रहते हैं, तथा ये मुख्य राशियाँ सम लग्नों में त्रिक भावों में पड़ती है। यदि वृषलग्न में बृहस्पति एकादश भाव में मीन-राशि में स्वगृही हो तब भी बृहस्पति की मुख्य राशि धनु ही होगी तथा बृहस्पति के मुख्य तत्त्व व बल धनु में ही विद्यमान रहेंगे, यह प्राकृतिक रूप से स्थिरीकृत व्यवस्था है जिसमें किंचित् भी परिवर्तन कभी भी संभव नहीं है। परन्तु बृहस्पति के मित्र भाव में मीन राशि में स्वराशिस्थ होने पर मूलांक 7 शुभ हो जायेगा, तथा भाग्यवश जातक को वैसे ही मूलांक 7 के स्थानों से सम्बन्ध प्राप्त होगा जहाँ स्थान व लोग/स्वामी समलग्नवाले मित्र होंगे।

विषम लग्नवालों (मेष, मिथुन, सिंह, तुला, धनु, कुम्भ) के लिये अधिकतर मूलांक शुभ होते हैं जब तक कि स्वामी ग्रह बहुत दुःस्थिति में न हो। इसका कारण ग्रहों की मूल त्रिकोण या मुख्य राशियों का मित्र भावों (प्रथम, तृतीय, पञ्चम, सप्तम, नवम, एकादश) में होना है। यदि इनका जन्म विषम मूलांक में हुआ हो, तो ये विषम मूलांक 3,5,7,9 शुभ ही होते हैं। यहाँ 1 को इसलिये नहीं कहा क्योंकि केतु के 1 और राहु के

मूलांक 6 का शुभाशुभत्व राहु और केतु की स्थिति व अन्य ग्रहों से सम्बन्ध पर निर्भर करता है। विषम लग्न और विषम मूलांक में जन्म लेनेवालों के लिये सम मूलांक अनुकूल नहीं माने जायेंगे, विशेषकर चन्द्रमा का मूलांक 4, परन्तु जहाँ सममूलांकेश योगकारक हो वहाँ आप क्या धारणा बनायेंगे! जैसे तुला लग्न में शनि अथवा कुम्भ लग्न में शुक्र के मूलांक क्रमशः 8 एवं 2 हैं। यहाँ इनका फल अधिकतर शुभ होगा, परन्तु विरोधी अंक की छाया भी बनी रहेगी।

किसी भी व्यक्ति के लिये किसी कार्यालय, गृह आदि की शुभता का अर्थ है उस स्थान का लग्न तथा उसके स्वामी लोगों का भी लग्न व्यक्ति के अनुकूल हो।

भाग्य अथवा समय की दुर्बलता से कभी-कभी व्यक्ति को एक निश्चित अवधि के लिये अपने शत्रु मूलांक के कार्यालय, गृह आदि तथा शत्रु लग्न* के व्यक्तियों का संग प्राप्त होता है। परन्तु विरुद्ध निर्धारित गृह, व्यक्ति आदि से औपचारिक संबंध ही रखना चाहिये, अधिक निकटता नहीं करनी चाहिये। क्योंकि त्रिक भावों के व्यक्ति एक-दूसरे के निकट आकर भी एक-दूसरे को क्या दें पायेंगे! तीनों ही त्रिकस्थानों में समस्त अशुभताओं, पापों, दुःखों, हानियों,पतन, बंधन व संकट का कोष निहित रहता है - त्रिक लग्नों की मैत्री एक-दूसरे को यही फल परिणाम में दे सकती है। और यदि कोई निष्पक्ष व यथार्थ रूप से विचार कर पाये, तो पायेगा कि अधिकतर इन त्रिक लग्नों से मैत्री करने वालों के जीवन का एक समानुपाती भाग या पक्ष वस्तुतः अनैतिक व अशुभ है, अथवा ये मानवीय मूल्यों का यथोचित पालन न कर केवल स्वार्थवश ही जीते हैं।

पञ्चम व नवम भाव कुण्डली के सर्वाधिक शुभ भाव होते हैं। अतः परस्पर नवम-पञ्चम के लग्नवालों के मध्य मैत्री शुभ व उन्नतिकारक हो सकती है। परन्तु विवाह इन दोनों लग्नों के मध्य शुभ नहीं होता, क्योंकि

---

* त्रिक भाव के लग्न। साथ ही द्वितीय, चतुर्थ तथा दशम भाव के लग्न भी इसी कोटि में रखे जा सकते हैं, वैसे इन लग्नों के व्यक्ति सामान्यतः साक्षात् शत्रु न होकर अप्रत्यक्ष रूप से शत्रु होते अथवा शत्रुओं के सहायक/मित्र होते हैं।

यह त्रिकोणीय संबंध शारीरिक संबंध के योग्य नहीं होता। तृतीय भाव में पुरुष का लग्न तथा एकादश भाव में अपने से छोटी अवस्था (आयु) की स्त्री के लग्न का संबंध विवाह के लिये सुखद होता है। इससे विपरीत नहीं। अर्थात् तृतीय भाव में स्त्री का लग्न हो, अथवा एकादश की स्त्री बड़ी अवस्था की हो, क्योंकि तृतीय से छोटे भाई-बहन व एकादश से बड़े भाई तथा बहन का विचार होता है। परन्तु यदि पुरुष की कोई छोटी बहन न हो और स्त्री का कोई बड़ा भाई न हो तो पुरुष तृतीयभाव के लग्न वाली स्त्री से भी विवाह कर सकता है।

समान ही मूलांक के दो स्थान किसी व्यक्ति के लिये भिन्न प्रभाव वाले हो सकते हैं। जैसे एक स्थान का मूलांक 8 है, और लग्न विषमांकीय तथा स्वामी लोगों के भी लग्न विषमांकीय हैं। इसी प्रकार एक दूसरे स्थान का भी मूलांक 8 है, परन्तु लग्न समांकीय तथा स्वामी लोगों के भी लग्न समांकीय हैं। जिन लोगों के लिये मूलांक 8 अशुभ नहीं है उनका इन दोनों स्थानों से संपर्क हो सकता है। परन्तु जिनका भाग्य व समय अच्छा हो उनका अपने पक्ष के लग्नवालों से सम्पर्क होगा, तथा जिनका भाग्य या समय अच्छा न हो उनका विपरीत लग्न वालों से संबंध होगा। जैसे वृषलग्न में शनि के योगकारक होने से मूलांक 8 शुभ होता है। परन्तु उसके द्वादश में नीचस्थ होने पर ऐसे जातक का जिस भी मूलांक 8 के स्थान से अन्त: का संपर्क होगा वह प्राय: विरोधी लग्न का होगा-भाग्य के दुर्बल होने के कारण, तथा यदि विषम मूलांक में जन्म हो तो यह संभावना और भी बढ़ जाती है।

आत्मकारक ग्रह जातक के आत्मा का प्रतिनिधि होता है। अत: यदि आत्मकारक ग्रह नीचादि बहुत दुर्बल स्थिति में न हो तो इसके मूलांक में अपनापन का सुगन्ध लिया जा सकता है, तथापि अन्य आधारों से निर्धारित मित्रता या शत्रुता बनी ही रहती है। जन्मलग्न, चन्द्रराशि, मूलांक, नामाक्षर आदि मित्रता-शत्रुता के विभिन्न कारकों से ऊपर उठकर स्पष्ट अवबोध की बात है व्यवहार एवं सिद्धान्तों का मेल। आज के इस स्वार्थी संसार में कौन किसका मित्र है! मनुष्य स्वयं अपना ही मित्र नहीं है अपने स्वास्थ्य व आयु इत्यादि को हानि पहुँचानेवाले मादक पदार्थों व व्यभिचार आदि का

सेवन करने आदि के कारण। अतः यद्यपि ज्योतिषीय आधार से मित्र व शत्रुओं का निर्धारण करें, तथापि व्यावहारिक बुद्धि को जागृत रख यह देखें कि किसकी प्रवृत्ति आपसे मिलती है, उसकी अन्तः भावना कितनी अधिक आपके अनुकूल है, तथा भविष्य में उसके संग क्या संभावना बन सकती है, इत्यादि। ऐसे लोगों के मध्य भी आप निःसन्देह अपने मित्र भाव के लग्न वाले को ही चुनें।

8. अध्यात्म की छत्रछाया में फलित ज्योतिष
(Predictive Astrology Under Reign/Influence of Spiritualism)

ग्रह यदि विषम राशि में बैठा हो तो अपनी दशा के पूर्वार्ध में अपनी मुख्य राशि का फल करता है तथा उत्तरार्ध में साधारण राशि का। इसी प्रकार ग्रह यदि समराशि में बैठा हो तो अपनी दशा के पूर्वार्ध में अपनी साधारण राशि का फल करता है तथा उत्तरार्ध में अपनी मुख्य राशि का। जैसे यदि शनि, मेष, मिथुन, सिंह इत्यादि किसी विषम राशि में हों तो अपनी दशा के पूर्वार्ध में अपनी मुख्य राशि मकर वाले भाव का फल करेगा तथा उत्तरार्ध में अपनी साधारण राशि कुम्भ वाले भाव का। परन्तु यदि शनि, वृष, कर्क, कन्या इत्यादि किसी समराशि में हो तो पूर्वार्ध में कुम्भ तथा उत्तरार्ध में मकर राशि वाले भाव का फल करेगा।

यह तो फल हुआ ग्रह की तात्कालिक राशि-स्थितिवश अपनी किसी एक राशि को अधिक महत्त्व देने का, परन्तु ग्रह प्राकृतिक अथवा स्थायी रूप से अपनी मुख्य या मूलत्रिकोण राशि को ही अधिक महत्त्व देता है, अथवा यूँ कहें कि बल आदि की उपस्थिति के दृष्टिकोण से ग्रह अपनी मुख्य राशि में ही प्रधानतया उपस्थित होता है, तथा अपनी साधारण राशि में उसकी उपस्थिति तुलना में बहुत न्यून होती है। इस कारण से सम राशि के लग्नवालों के लिये जो ग्रह षष्ठेश, अष्टमेश या द्वादशेश अर्थात् त्रिकेश बनता है उसकी मूलांक, वर्ण, दिशा आदि सभी बातें जातक के लिये निःसंदेह शत्रुतापूर्ण होती हैं। उदाहरणतया वृष लग्नवालों के लिये षष्ठेश शुक्र का मूल अंक 2, दिशा - अग्निकोण इत्यादि, अष्टमेश बृहस्पति का मूलांक 7, दिशा- ईशानकोण इत्यादि तथा व्ययेश मंगल का मूलांक 5, दिशा - दक्षिण इत्यादि शत्रुतापूर्ण होते हैं।

परन्तु जो ग्रह त्रिकेश होने के साथ-साथ त्रिकोणेश भी होते हैं, अथवा केन्द्रेश भी होते हैं परन्तु केन्द्र-त्रिकोण के स्वामियों के द्वारा बनाये जा रहे योगज संबंध में अपना योगदान दे रहे हों, तो उनमें भी शुभफल प्रदान

करने की क्षमता आ जाती है, जिससे इन समलग्नवालों को इन शत्रु अंकों, दिशा आदि में भी कभी लाभ प्राप्त हो जा सकता है।

जब जन्म होता है तब किसका जन्म होता है - शरीर का या आत्मा का! यहाँ आत्मा क्या है! अस्तु, शरीर एवं आत्मा दोनों का ही जन्म कहा जा सकता है। आत्मा इस शरीर के नये रूप में पुनः प्रकट होता है यतः* वस्तुतः आत्मा का कोई जन्म न होने के पश्चात् भी इसके पुनः नये शरीर के साथ प्रकट होने को इसका जन्म कह दिया जाता है। परन्तु शरीर का तो वास्तव में जन्म होता है, जो आत्मा के बल से ही जीता और किसी भी कार्य को वाहन आदि यन्त्र के समान करता है।[1] जब आत्मकारक ग्रह का कथन किया जाता है तब भी आत्मा की बात आती है कि तुम जो अपने को यह जड़ शरीर समझते हो, तुम यह जड़ शरीर न होकर दिव्य प्रकाशस्वरूप, चेतनस्वरूप, ज्ञानस्वरूप, आनन्दस्वरूप आत्मा हो, जिसकी वर्तमान प्रकटस्थिति का सूचक या प्रतिनिधि ग्रह है आत्मकारक ग्रह। जिस समय यह आत्मा शरीर के संग संयुक्त रूप में मातृशरीर से पृथक् अस्तित्व के रूप में पृथ्वी पर प्रकट होता है, वह समय लग्न या जन्मलग्न होता है। शरीर के संग आत्मा की प्राणी या जीव रूप में उपस्थिति लग्नेश ग्रह होता है। अतः आत्मकारक ग्रह लग्नेश का आंतरिक बल होता है। क्योंकि आत्मा या आन्तरिक शक्ति के बली या दुर्बल होने से जीव भी बली या दुर्बल होता है। अतः लग्नेश के उच्चादि बली स्थिति में होने पर भी यदि आत्मकारक ग्रह नीचादि दुर्बल स्थिति में हो तो मनुष्य का शरीर दुर्बल ही होगा। आत्मकारक के बल के अनुसार ही शारीरिक आन्तरिक बल का अनुमान करना चाहिये। अतः जन्मकुण्डली में आत्मकारक ग्रह का यथार्थ अवबोध सर्वाधिक आवश्यक है - मनुष्य के आत्मिक-आन्तरिक स्वभाव तथा आत्मा की अच्छी-दुष्ट गति आदि के विचार आदि की दृष्टि से भी।

---

* यतः = जिससे, जिस कारण से

[1] श्रीमद्भगवद्गीता अध्याय 18, श्लोक 61-62, यहाँ ईश्वर = आत्मा का वास्तविक स्वरूप।

उपनिषदों में आत्मा के संबंध में प्राय: इस प्रकार से परिचय के आरम्भिक शब्द मिलते हैं – 'स एष आत्मा....' अर्थात् 'वह यह आत्मा....'। यहाँ विशेष यह है कि आत्मा को 'वह' और 'यह' दोनों एक साथ ही क्यों कहा जाता है! 'वह' से आत्मा के मूल परमात्मस्वरूप का कथन किया जाता है जो माया के आवरण से मुक्त है। तथा 'यह' से आत्मा के जीवस्वरूप में बद्ध स्थिति का कथन किया जाता है। सूर्य परमात्मस्वरूप का प्रतिनिधि समझा जा सकता है। सूर्य केवल प्रकाश का पुञ्ज है – अंधकार रहित (साइंस के जानकार लोग यहाँ सूर्य का रासायनिक या भौतिकशास्त्रीय विश्लेषण न करें), और आत्मा प्रकाशस्वरूप है, अर्थात् प्रकाश कहो या आत्मा एक ही बात है – और यह अपने शुद्ध स्वरूप में केवल प्रकाशस्वरूप नहीं, अपितु घनतम प्रकाशस्वरूप है। अर्थात् इससे अधिक घने प्रकाश की कल्पना नहीं की जा सकती है। (आत्मा इसके अतिरिक्त एक ही साथ ज्ञानस्वरूप, चैतन्यस्वरूप, आनन्दस्वरूप आदि भी है)।

अस्तु, सूर्य की राशि सिंह है – यह पुरुष राशि है। पुरुष राशि पुरुषत्व के गुणों से युक्त होती है, तथा पुरुषयोनि स्त्रीयोनि की तुलना में आत्मा की अधिक दृढ़ व स्पष्ट अभिव्यक्ति करता है। जो राशि सिंह राशि से शुभ भावों – मित्र भावों में पड़ेगी वे आत्मा के अनुकूल होंगी तथा जो शत्रु भावों में पड़ेंगी वे आत्मा के प्रतिकूल पूर्णतया सांसारिक होंगी। सिंह राशि के अनुकूल सभी पुरुष राशियाँ हैं, तथा सभी स्त्री राशियाँ सिंह राशि के विरोधी पक्ष की हैं। स्त्री राशियों के लग्नवाले, सूर्य के स्थान सिंहलग्न के विरोधी होने के कारण, अध्यात्मविरोधी व पूर्णतया सांसारिक होते हैं। वस्तुत: समलग्नवालों का विचार स्त्री मानकर किया जाये तो अधिक उपयुक्त होगा। स्त्रियों व पुरुषों की समानता की भले ही लाखों बातें की जायें, परन्तु वास्तविकता तो यही है कि स्त्रीशरीर प्राकृतिक रूप से पुरुष शरीर से दुर्बलतर है। परन्तु समानता की बातें स्त्रियों के साथ इस दुर्बलतरता के कारण से अन्याय न होने देने के उद्देश्य से की जाती हैं। इसी प्रकार सम लग्न वालों की शारीरिक बनावट स्त्रियों के समान पुरुष लग्नवालों की तुलना में दुर्बलतर होती है। और यही कारण है कि ग्रहों की मुख्य राशियाँ

यहाँ त्रिक में पड़ी होती हैं, अर्थात् ग्रहों का न्यून बल ही इन लग्नवालों को मिलता है – सामान्य अवस्था में सभी शुभ या मित्र भावों में सूर्यविरोधी राशियों का होना न्यून बल का सूचक है। सूर्य ही एकमात्र स्वयम्प्रकाश ग्रह है, अन्य सभी ग्रह इस सूर्य के प्रकाश से ही जिस किसी भी मात्रा में प्रकाशित हैं। अतः सूर्य के विरोध का तात्पर्य है प्रकाश का – चैतन्य (बल) का–आनन्द* का विरोध करना। ऐसे में समांकीय लग्नवालों को विभिन्न ग्रहों से न्यून बल प्राप्त होने से उन ग्रहों के विभिन्न प्रभाव–क्षेत्रों (वर्ण, दिशा, अंक आदि) से भी न्यून ही शुभत्व की प्राप्ति होगी। और यही वास्तविक फल है। जन्मजात स्वभाववश सूर्यरूप आत्मा के विरोधी होने के कारण सामान्यतः इन स्त्री लग्नवालों का मन सांसारिक बातों में बहुत रस लेता, तथा अध्यात्म, सच्चे धर्म, ईश्वर इत्यादि को वे शत्रु की दृष्टि से देखते।

यह तो बात हुई विभिन्न लग्नवालों की जन्मजात प्रवृत्ति के संबंध में। परन्तु व्यवहार में कितने ही स्त्री लग्नवाले/समांकीय लग्न वाले धार्मिक, आध्यात्मिक व ऐसी बातों में रस लेने वाले मिल जायें यह संभव है, और विषमांकीय लग्नवाले परम पापी दिख जा सकते हैं। यहाँ होता ऐसा है कि समांकीय/विषमांकीय लग्नवालों की जो स्वाभाविक प्रवृत्ति होती है, वह तो रहती ही है, परन्तु विभिन्न ग्रहों के योग आदि से इस स्वाभाविक जन्मजात प्रवृत्ति पर उससे विपरीत प्रवृत्ति प्रभावी हो जाती है। इस कारण से कुछ ऐसे लोग मिल जा सकते हैं जिनका लग्न मात्र जानकर उनके बारे में जो अनुमान लगाया जाये वे वैसे दिखते नहीं, और जैसा वे दिखते हैं उनका लग्न वैसा होता नहीं।

केवल कर्कलग्न ही एक ऐसा समांकीय या स्त्री लग्न है जो अपने स्वामी ग्रह की मूलत्रिकोण या मुख्य राशि है। ऐसे में इन लग्नवालों में

---

* बल और आनन्द का अन्योन्याश्रय देखें – जब बल बढ़ता है तब व्यक्ति में सामर्थ्य बढ़ता है जिससे मनःकांक्षा पूर्ति में सहायता मिलती है और इस प्रकार व्यक्ति का आनन्द भी बढ़ता है। आनन्द तभी मिलता है जब हमारे पक्ष में बात होती है, हमारा बल बढ़ता है।

अन्य स्त्री लग्नों के समान हीनता की कल्पना नहीं करनी चाहिये, क्योंकि इसमें इसके स्वामी ग्रह के सभी सद्गुण पाये जाते हैं। अतः वृष, कर्क, कन्या, वृश्चिक, मकर और मीन लग्न वालों के मध्य कर्क लग्नवाले ही एकमात्र ऐसे हैं जो पुरुष लग्न वालों को टक्कर देने की क्षमता रखते हैं। सरदार वल्लभभाई पटेल, सम्राट् विक्रमादित्य, इन्दिरा गाँधी, श्री अरविन्द, आदि इसके उदाहरण हैं। स्त्री लग्नों में भी मात्र वृषलग्न ही सबसे अधिक अज्ञान व सांसारिक प्रवृत्ति से युक्त पशु प्रवृत्ति वाला होता है। अन्य स्त्री लग्नों में महापुरुषों के असंख्य उदाहरण मिल सकते हैं, परन्तु वृषलग्न में गिने-चुने, जैसे कर्दम* में कमल या कोयले की खान में हीरा। उदाहरण के रूप में भगवान् कृष्ण आदि।**

इस प्रकार विभिन्न लग्नवालों के मध्य की मित्रता-शत्रुता भी समझनी चाहिये। सभी विषमांकीय लग्नवालों अर्थात् मेष, मिथुन, सिंह तुला, धनु और कुम्भ लग्नवालों के मध्य परस्पर मित्रता व अनुकूलता होती है। तथा सभी समांकीय लग्नवालों अर्थात् वृष, कर्क, कन्या, वृश्चिक, मकर और मीन लग्नवालों के मध्य परस्पर मैत्री होती है। इस प्रकार छः-छः लग्नों के दो समूह या वर्ग होते हैं। प्रत्येक वर्ग का अपने वर्ग के लग्नों के संग मित्रता व द्वितीय वर्ग के लग्नों के साथ शत्रुता होती है। अर्थात् समांकीय लग्नवालों के विषमांकीय लग्नवाले जन्मजात या स्वाभाविक शत्रु होते हैं, तथा विषमांकीय लग्नवालों के समांकीय लग्नवाले स्वाभाविक शत्रु होते हैं।

पुनः यह शंका हो सकती है कि समांकीय व विषमांकीय लग्नवालों में तो प्रत्यक्ष में मित्रता देखी जाती है। यहाँ भी तर्क पूर्ववत् है। अर्थात् स्वाभाविक या जन्मजात जो बात होती है, वह तो रहती ही है। कुछ विवशता होती है, कुछ मोह होता है, कुछ स्वार्थ होता है, और कुछ कुप्रवृत्ति इत्यादि होती है जिससे मनुष्य विपरीत लग्नों में भी सुख व

---

* Mud, पंक

** भगवान् कृष्ण का जन्म जिस अर्धरात्रि के लगभग में बताया गया है उस समय वृष लग्न की अधिक संभावना है, परन्तु इसके आगे-पीछे के लग्न मेष या मिथुन भी सम्भव हो सकते हैं।

अपनापन ढूँढ़ने लगता है, या उनके संग मित्रता कर लेता है। मित्र लग्नों में यदि किसी के संग मित्रता होती है तो उसमें मित्रता के तार हृदय से जुटे हो सकते हैं (मद्यपान करने वालों के हृदय में प्रेम नहीं, मदिरा भरी होती है, अतः यहाँ हृदय से तार जुटे होने का भ्रम मात्र होता है) जो कभी मनमुटाव हो जाने पर टूट सकते हैं, परन्तु पुनः जुड़ने की संभावना बनाये रखते हैं।

परन्तु जब एक समांकीय और विषमांकीय लग्नवालों की मित्रता टूटती है, तब जितनी अधिक शत्रुता होती जाती है, उससे पीछे लौटना एक तो कठिन होता है, द्वितीय दुबारा मित्रता जुड़ने पर भी पूर्व जैसी बात नहीं रहती, और दुःखद स्मृतियों के कारण पुनः शत्रुता की प्रवृत्ति बनी रह सकती है।

एक बात और, त्रिक के लग्नवालों से तो मित्रता न ही की जानी चाहिये, परन्तु जन्मलग्न से चतुर्थ और दशम लग्नवालों (जो कि शत्रुवर्ग के ही होते हैं) से व्यापारिक या वैवाहिक संबंध बनाये जा सकते हैं। तथापि यह सम्बन्ध भी सतर्कता की आवश्यकता रखता है।

अब इन सभी ज्योतिषीय बातों से भी ऊपर व्यवहार की बातें अन्तिम निर्णय के योग्य होती हैं। आज के कलियुग में कोई धार्मिक या आध्यात्मिक रह गया प्रतीत नहीं होता है, केवल धार्मिक बातें रह गयी हैं - लोगों से धन ऐंठने या लूटने के लिये। अतः विषमांकीय लग्नवालों से भी इस संबंध में बहुत अच्छी आशायें नहीं रह गयीं जान पड़ती हैं। द्वितीय, धर्म या अध्यात्म के प्रति आदरभाव या ईश्वर से भय आदि की वास्तविक मनःस्थिति न रह जाने के कारण आज प्रत्येक व्यक्ति एक-दूसरे को लूटने को, अथवा किसी भी प्रकार से धन अर्जित करने के लिये नंगा हो गया है। अतः ऐसे में मित्र लग्नों पर भी बहुत विश्वास कर लेना अपने को विश्वासघात व हानि प्राप्त करने को सन्नद्ध कर लेना है। इस संबंध में उचित यह है कि लग्न के साथ-साथ अपने विवेक-व्यावहारिक बुद्धि का भी प्रयोग करें, तथा इन मित्र लग्नों में से भी जिस पर पूर्ण विश्वास जाये केवल उन्हीं की संगति करें विभिन्न कार्यकलापों के लिये, और यदि स्वयं

विश्वासघात करते या किसी को हानि पहुँचाते, तो अब दुःखद प्रतिक्रिया/प्रतिफल मिल ही सकता है – मित्र या शत्रु लग्नों का विचार किये बिना।

जिस समय जिस ग्रह की दशा-अन्तर्दशा चल रही हो, या उसका गोचरीय विशेष प्रभाव पड़ रहा हो, उस समय उस ग्रह के वर्ण, अंक, दिशा इत्यादि से भी जातक का वैसा ही सुखद या दुःखद संबंध बनता है। जैसे मान लें कि सूर्य की दशा या अन्तर्दशा का विशेष प्रभाव पड़ रहा हो, तो संभव है आपका संबंध अंक 3 के स्थानों से बने और सुनहले वर्ण, पूर्व दिशा, अन्नों में गेहूँ, राजकीय सम्मान/कोप आदि के सम्पर्क में आप आयें। इसी प्रकार अन्य ग्रहों के संबंध में भी समझें।

गेहूँ का स्वामी ग्रह सूर्य को माना गया है। संभव है कि सूर्य के सुनहले वर्ण के कारण उसका स्वामी सूर्य किसी ज्योतिषी ने माना होगा। इसी प्रकार चावल जो कि श्वेत वर्ण का होता है, का स्वामी चन्द्रमा माना गया है। औषधियों का और रसों का स्वामी चन्द्रमा माना गया है। किसी ने चन्द्रमा को सामान्य रूप से सभी अन्नों का स्वामी माना है, तो किसी ने कहा कि भूमि में से जो कुछ भी उत्पन्न होता है उसका स्वामी मंगल है क्योंकि भूमि का स्थिर कारक या स्वामी मंगल होता है। परन्तु इससे तो समस्त अन्नों का स्वामी मंगल होगा। परन्तु पानी भी तो भूमि से ही उत्पन्न होता या निकलता है, तथापि उसका स्थिर कारक या स्वामी मंगल न हो चन्द्रमा है, यह निर्विवाद है। अतः इस संबंध में यह निष्कर्ष निकलता है कि केवल भूमि पर अधिकार के दृष्टिकोण से भूमि का स्वामी मंगल है। अब यदि मंगल का द्वितीय भाव, लाभ भाव और मित्र भाव के स्वामी चन्द्रमा के संग सुयोग बन रहा हो तो भूमि से धन या शस्य (crops) आदि का सुखद लाभ प्राप्त हो सकता है। मंगल का मित्र भाव के स्वामी चन्द्रमा एवं चतुर्थ भाव के संग केन्द्रेश-त्रिकोणेश सम्बन्ध आदि के रूप में सुयोग बन रहा हो तो प्राप्त भूमि उपजाऊ व जलपूर्ण होगी। इसके अतिरिक्त यह भी है कि मंगल जितनी अच्छी स्थिति में होगा, भूमि उतनी ही अच्छी होगी।

विभिन्न प्रकार के सुयोग और कुयोग बनते हैं, परन्तु यह आवश्यक नहीं कि वे सभी फलप्रद भी हों, क्योंकि एक सुयोग को अन्य कुयोग काट सकता है, तथा एक कुयोग को अन्य सुयोग काट सकता/सकते हैं। अतः केवल विभिन्न योगों के निर्माण की ही जानकारी पर्याप्त नहीं है, साथ में उनके काट या नाश की भी जानकारी होनी चाहिये।

प्रथम भाव या लग्नभाव न तो केन्द्र होता है और न ही त्रिकोण या त्रिक भाव। राहु/केतु, शनि आदि पापी ग्रह त्रिकोण आदि शुभ भावों में बैठकर या उनके स्वामी होकर जो कुछ भी सुखद फल प्रदान करेंगे उसमें अपने दुखप्रद स्वभाव या अशुभता को भी मिलाये रखेंगे। इसी प्रकार बृहस्पति, शुक्र आदि शुभ ग्रह त्रिक के स्वामी हो जो कुछ भी अशुभ फल करेंगे उसमें अपना मृदु व शुभ स्वभाव भी बनाये रखेंगे।

जब ग्रह उच्च का हो तो उसे रसभरा फल समझें। और जब ग्रह नीच राशि में हो तो उसे रस निचोड़ा हुआ फल समझें। शत्रु राशि में ग्रह कष्ट को प्राप्त होता तथा अपनी राशि में स्वस्थ होता है।

किसी भी कुण्डली में न्यून से न्यून आत्मकारक ग्रह, भाग्येश व लग्नेश का पर्याप्त बली होना आवश्यक है तभी सुखद फल प्राप्त होंगे। जिस राशि में ग्रह बैठा हो (वास्तव में ग्रह सदा चलते होते हैं, बैठे तो कभी नहीं होते) उस राशि के स्वामी के बली या निर्बल होने से उस राशि की भी बलवत्ता तथा दुर्बलता का विचार किया जाता है, तथा राशि के बली या दुर्बल होने का प्रभाव उस राशि में स्थित ग्रह के बल पर भी पड़ता है। जैसे सूर्य यदि धनु राशि में हो, तो बृहस्पति के अपनी उच्च कर्क राशि में होने पर धनु राशि तथा सूर्य दोनों को बल प्राप्त होगा परन्तु बृहस्पति के अपनी नीच मकर राशि में होने पर धनु राशि और उसमें स्थित ग्रह सूर्य-दोनों को दुर्बलता प्राप्त होगी।

ग्रह अपने साथ अर्थात् एक ही राशि में स्थित अन्य ग्रह से भी बल की वृद्धि या हानि, और शुभता या अशुभता को प्राप्त करता है।

सूर्य तीक्ष्णता के साथ सर्वाधिक शुभ ग्रह है, बृहस्पति मृदुता के साथ सर्वाधिक शुभ ग्रह है। दोनों को सर्वाधिक शुभ ग्रह पृथक् संदर्भ में कहा

गया है। किसी मित्र भाव या चतुर्थ भाव का स्वामी होते हुए सूर्य नवम भाव एवम् आत्मकारक ग्रह से संबंध कर आध्यात्मिक शुभता-आत्मज्ञान प्रदान करता है। जबकि बृहस्पति इसी प्रकार संबंध कर धार्मिकता के रूप में शुभता प्रदान करता है। यूँ कहें, बृहस्पति कर्मकाण्डीय शुभता मुख्यतया प्रदान करता है, जबकि सूर्य योगज फल में ज्ञानकाण्डीय शुभता प्रदान करता है। ब्रह्म का स्वरूप घनतम प्रकाशस्वरूप है, और सूर्य भी घना प्रकाशःस्वरूप है, अतः सूर्य की तुलना ब्रह्म से की गयी है। परन्तु इसके लिये सूर्य का योगज रूप से नवम भाव व आत्मकारक ग्रह से संबंध होना आवश्यक है, अन्यथा कितने ही सिंहलग्न वाले व्यक्ति भी अधर्मी या बुद्धू जैसे दिखेंगे।

राहु से बड़ा कोई पापी ग्रह नहीं है। राहु और केतु अंधकारस्वरूप हैं, इनमें अंधकार के अतिरिक्त और कुछ भी पदार्थ नहीं पाया जाता है। इसी कारण से राहु व केतु को आत्मकारक ग्रह के रूप में नहीं माना जाता है। राहु/केतु जहाँ बैठे हों और जिस ग्रह के साथ बैठे हों उन सबको बहुत दूषित करते हैं - अशुभता प्रदान करते हैं। आत्मकारक ग्रह आत्मा का प्रतिनिधि होता है। आत्मा में तत्त्व व भावरूपता पायी जाती है जबकि अंधकार-स्वरूप राहु में कोई तत्त्व कोई भाव नहीं है। अतः अभाव भावरूप आत्मा का प्रतिनिधित्व नहीं कर सकता। परन्तु दशा-अन्तर्दशा एवं मूलांकों में राहु/केतु को प्रतिनिधित्व दिया गया है क्योंकि भावरूप आत्मा एवम् उसके कारण प्रतीयमान इस देहादि जगत् पर अभावरूप राहु/केतु का प्रभाव उसको प्रतीत्यात्मक रूप में क्षीण करता है, दुःखित करता है, नष्ट करता है या उसकी प्रतीति लुप्त करता है। जो कुछ भी सुख या उन्नति मिलती है उसमें सात ग्रहों के माध्यम से आत्मा ही कारण है। इस प्रकार सूर्यादि सात ग्रह अपने में सुख-उन्नति आदि शुभ फल प्रदान करने की क्षमता रखते हैं, परन्तु राहु, केतु अन्धकारस्वरूप होने के कारण स्वयं में किसी भी प्रकार का शुभ फल प्रदान करने की क्षमता नहीं रखते, वरन् ये जहां बैठे होते हैं उस भाव के शुभ या अशुभ जैसे भी फल को, तथा जिस ग्रह के संगादि में होने से सम्बन्धित होते हैं उसके अनुसार भी शुभ या अशुभ जैसा भी फल प्रदान करते हैं।

9. परिशिष्ट

मेषलग्न

मूलांक	शिक्षा	विवाहादि	धन	व्यवसाय	स्वास्थ्य	उन्नति	स्वभाव
2	✓	✓✓	✓✓	✓✓	0	✓	✓
3	✓✓	0	✓	✓	✓✓	✓	✓✓
4	0	0	0	0	0	0	✓
5	0	0	0	0	0	0	×
7	✓	✓	✓	✓	0	✓	✓
8	✓	✓	✓	✓	✓	✓	0
9	×	×	0	0	×	✓	×

<u>संकेतः-</u>

✓✓ = विशेष अच्छा

✓ = अच्छा

0 = साधारण या मिश्रित स्थिति

× = विरुद्ध

×× = बहुत विरुद्ध

यह वर्गीकरण विना जन्ममूलांक का विचार किये मेषलग्न के सभी व्यक्तियों के लिये किया गया है। ग्रहों के कुसंगति एवम् त्रिक में न रहने पर उपर्युक्त फल होंगे। राहु के मूलांक '6' तथा केतु के मूलांक '1' के विभिन्न फलों के सम्बन्ध में निर्णय उन दोनों की भावस्थिति व ग्रहसंगति इत्यादि के आधार पर किया जायेगा। जन्ममूलांक के विरोधी वर्ग के मूलांकों

पर एवम् उनके उपर्युक्त वर्गीकरण के फल पर कुछ विरुद्ध स्थिति निर्मित होगी।

सभी लग्नों के सम्बन्ध में विभिन्न मूलांकों के शुभाशुभत्व का फल इसी प्रकार जानें। दैनिक फल की जानकारी के लिये:-

आज के दिन का मूलांक क्या है, इसकी जानकारी आज के दिन वर्तमान नक्षत्र के क्रमांक से जानें। जैसे यदि आज अनुराधा नक्षत्र सायंकाल 4 बजकर 15 मिनट् तक हो, तो अनुराधा नक्षत्र का क्रमांक 17⇒1+7=मूलांक 8 आज के दिन का मूलांक है जो सायंकाल 4 बजकर 15 मिनट् तक रहेगा, तत्पश्चात् मूलांक 9 आरब्ध हो जायेगा। गोचरविचार में मनुष्य पर सर्वाधिक प्रभाव चन्द्रराशि का पड़ता है, अतः यदि चन्द्रमा किसी व्यक्ति के जन्मचन्द्रराशि से प्रथम, तृतीय, पंचम, सप्तम, नवम या एकादश भाव में विचरण कर रहा हो, तो उस भाव से सम्बन्धित, तथा इस अध्याय में दिये गये वर्गीकरण में आज के मूलांक के निर्दिष्ट शिक्षा, व्यवसाय, स्वभाव आदि शुभफल हो सकते हैं। इसी प्रकार वर्तमान चन्द्रमा यदि जन्मचन्द्रराशि से चतुर्थ, षष्ठ, अष्टम या द्वादश राशि में भ्रमण कर रहा हो, तो इन भावों से सम्बन्धित, तथा आज के दिन के मूलांक के निर्दिष्ट शिक्षा, व्यवसाय, स्वभाव आदि से सम्बन्धित अप्रिय फल हो सकते हैं।

यदि किसी व्यक्ति को यह जानना हो कि उसकी शिक्षा के लिये कौन-कौन-से मूलांक अनुकूल हैं, तो इसके लिये उसे अपने जन्मलग्न के वर्गीकरण में शिक्षा की ऊर्ध्व पंक्ति में अनुकूल मूलांकों को देखना होगा। इसी प्रकार व्यवसाय आदि के भी फल जानें। जन्ममूलांक यदि शिक्षा इत्यादि किसी क्षेत्र में प्रतिकूल फलप्रद हो, तो भी अनुकूल दिनों में नवीन या प्रथम आरम्भ के दृष्टिकोण से लाभप्रद हो जा सकता है। यह सम्बन्ध संयोगवश बन जा सकता है, जान-बूझकर यहीं सम्बन्ध बनाने की आवश्यकता नहीं है।

वृष लग्न

मूलांक	शिक्षा	विवाहादि	धन	व्यवसाय	स्वास्थ्य	उन्नति	स्वभाव
2	×	×	×	×	×	×	×
3	0	0	0	0	0	0	✓
4	✓	✓	0	✓	✓	✓✓	✓
5	0	✓	×	✓	×	0	×
7	0	0	0	0	×	0	0
8	✓	✓	✓	✓✓	✓	✓✓	✓
9	✓✓	✓	✓✓	✓	✓	✓	✓

मिथुन लग्न

मूलांक	शिक्षा	विवाहादि	धन	व्यवसाय	स्वास्थ्य	उन्नति	स्वभाव
2	✓	✓	✓	✓	✓	✓	✓
3	✓	✓	✓	✓	✓	✓	✓
4	✓	✓	✓	✓	0	0	0
5	0	0	0	0	0	0	×
7	✓	✓✓	✓	✓✓	✓	✓	✓
8	0	0	✓	✓	0	✓	0
9	✓	0	0	✓	✓	✓	✓

कर्क लग्न

मूलांक	शिक्षा	विवाहादि	धन	व्यवसाय	स्वास्थ्य	उन्नति	स्वभाव
2	✓	✓	✓	✓	✓	✓	✓
3	✓	✓	✓ ✓	✓	0	0	0
4	✓	✓	0	✓	✓	✓	✓
5	✓✓	✓	✓	✓✓	✓	✓✓	✓
7	✓	0	0	0	×	✓	0
8	×	✓	×	0	×	×	××
9	0	0	×	×	×	0	0

सिंह लग्न

मूलांक	शिक्षा	विवाहादि	धन	व्यवसाय	स्वास्थ्य	उन्नति	स्वभाव
2	✓	✓	0	✓	✓	✓	✓
3	✓	✓	0	✓	✓	✓	✓
4	×	×	××	×	×	××	×
5	✓	✓	✓	✓✓	✓	✓✓	✓
7	✓	0	✓	✓	✓	✓	✓
8	0	✓	0	✓	×	✓	0
9	✓	✓	✓✓	✓	✓	✓	✓

कन्या लग्न

मूलांक	शिक्षा	विवाहादि	धन	व्यवसाय	स्वास्थ्य	उन्नति	स्वभाव
2	✓	✓	✓✓	✓	✓	✓	✓
3	×	×	×	×	×	××	×
4	✓	✓	✓	✓	✓	✓	✓
5	0	0	0	0	×	0	×
7	✓	✓✓	0	✓	✓	✓	✓
8	✓	0	0	0	0	0	0
9	✓	0	0	✓	✓	✓	✓

तुला लग्न

मूलांक	शिक्षा	विवाहादि	धन	व्यवसाय	स्वास्थ्य	उन्नति	स्वभाव
2	0	0	0	0	×	×	0
3	✓	✓	✓	✓	✓	✓	✓
4	✓	0	0	✓	0	0	0
5	✓	✓✓	✓ ✓	✓	✓	✓	0
7	0	0	0	0	×	0	0
8	✓✓	✓	✓	✓	✓	✓✓	✓
9	✓	✓	0	0	0	✓	✓

वृश्चिक लग्न

मूलांक	शिक्षा	विवाहादि	धन	व्यवसाय	स्वास्थ्य	उन्नति	स्वभाव
2	0	✓	×	0	×	0	0
3	✓	✓	0	✓	0	✓	✓
4	✓✓	✓	✓	✓	✓	✓✓	✓✓
5	×	×	×	×	×	×	×
7	✓✓	✓	✓✓	✓	✓✓	✓	✓✓
8	✓	✓	0	✓	✓	✓	0
9	0	0	0	0	0	0	0

धनु लग्न

मूलांक	शिक्षा	विवाहादि	धन	व्यवसाय	स्वास्थ्य	उन्नति	स्वभाव
2	✓	0	✓	0	0	✓	0
3	✓✓	✓	✓	✓	✓	✓✓	✓✓
4	×	×	×	×	×	×	×
5	✓	0	✓	✓	0	✓	0
7	✓	✓	✓	✓	✓	✓	✓
8	✓	✓	✓	✓	✓	✓	0
9	✓	✓	0	✓	✓	✓	✓

मकर लग्न

मूलांक	शिक्षा	विवाहादि	धन	व्यवसाय	स्वास्थ्य	उन्नति	स्वभाव
2	✓✓	✓	✓	✓✓	✓	✓✓	✓
3	×	×	×	×	×	×	×
4	✓	✓✓	✓	✓	✓	✓	✓
5	✓	✓	✓	✓	✓	✓	0
7	0	0	×	0	×	×	0
8	✓	✓	✓✓	✓	✓	✓	0
9	✓	0	0	0	×	0	0

कुम्भ लग्न

मूलांक	शिक्षा	विवाहादि	धन	व्यवसाय	स्वास्थ्य	उन्नति	स्वभाव
2	✓	✓	✓	✓	✓	✓✓	✓
3	✓	✓✓	✓	✓	✓	✓	✓
4	×	×	×	×	×	×	×
5	✓	✓	0	✓	✓	✓	0
7	✓	✓	✓✓	✓	✓	✓	✓
8	×	0	×	0	×	×	×
9	✓	0	✓	0	0	✓	✓

मीन लग्न

मूलांक	शिक्षा	विवाहादि	धन	व्यवसाय	स्वास्थ्य	उन्नति	स्वभाव
2	0	0	×	0	×	0	0
3	×	×	×	×	×	×	×
4	✓✓	✓	✓	✓	✓	✓	✓
5	✓	✓	✓ ✓	✓	✓	✓	0
7	✓	✓	0	✓	✓	✓	✓
8	0	0	0	0	0	×	×
9	0	✓	0	✓	✓	✓	✓

Vedic Astrology
A Journey Through History, Principles
And
Mathematical Foundations
Srinivasan Gopalan